Jochen H. Eberhardt
Der Rhodesian Ridgeback

Herausgegeben unter dem Patronat des
Verbandes für das Deutsche Hundewesen e. V.,
44141 Dortmund

Jochen H. Eberhardt

Der Rhodesian Ridgeback

Praktische Ratschläge für Haltung, Pflege und Erziehung

Mit 52 Abbildungen, davon 38 farbig

Parey Buchverlag Berlin 1998

Parey Buchverlag im
Blackwell Wissenschafts-Verlag
Kurfürstendamm 57, D-10707 Berlin

e-mail: parey@blackwis.de
Internet: http://www.parey.de

Das Kapitel „Gesundheit" wurde von Dr. med. vet. Peter Brehm (Einfügung des Textteils „Stärken und Schwächen" durch den Autor), das Kapitel „Ernährung" von Dipl.-vet. med. Lutz Salomon verfaßt.

Die Wiedergabe von Gebrauchsnamen, Handelsnamen, Warenbezeichnungen usw. in diesem Buch berechtigt auch ohne besondere Kennzeichnung nicht zu der Annahme, daß solche Namen im Sinne der Warenzeichen- u. Markenschutzgesetzgebung als frei zu betrachten wären und daher von jedermann benutzt werden dürften.

Die Deutsche Bibliothek – CIP-Einheitsaufnahme

Eberhardt, Jochen H.:
Der Rhodesian Ridgeback : praktische Ratschläge für
Haltung, Pflege und Erziehung / Jochen H. Eberhardt. – 1. Aufl. – Berlin : Parey, 1998
ISBN 3-8263-8466-0

1. Auflage: © 1998 Blackwell Wissenschafts-Verlag, Berlin · Wien

Einbandgestaltung: Rudolf Hübler, Berlin, unter Verwendung einer Abbildung von Yvonne Schönholzer, CH-Winterthur
Satz und Repro: Type-Design, Berlin
Druck und Bindung: Grafos S.A., Arte sobre papel, Barcelona

Gedruckt auf chlorfrei gebleichtem Papier

Printed in Spain · ISBN 3-8263-8466-0

Geleitwort

Ich freue mich sehr, ein Geleitwort für dieses Buch über Südafrikas nationale Hunderasse schreiben zu dürfen. Dies um so mehr, als Deutschland mehr Rassehundezuchtvereine für den Rhodesian Ridgeback aufweist als irgendein anderes nicht englischsprachiges Land.

Wir sind in der glücklichen Lage, daß diese Rasse eine der wenigen ist, für die regelmäßig internationale Kongresse stattfinden, bei denen Abhandlungen über ein breites Themenspektrum vom geschichtlichen Hintergrund bis hin zu Gesundheitsproblemen vorgelegt werden. Dies beweist, daß die Förderer der Rasse

Rhodesian Ridgeback, obschon diese nicht so weit verbreitet ist wie der Deutsche Schäferhund, sich doch äußerst engagiert um das Wohlergehen der Rasse, ihr Fortbestehen und die Beteiligung bei Wettbewerben aller Art kümmern. Die Kennel Union of Southern Africa schätzt diese Rasse so hoch ein, daß sie sie als den wohlbekannten „Hund auf dem Felsen" in ihrem Wappen führt, das uns vom Amt für Heraldik Südafrikas zuerkannt wurde. Es ist unsere Überzeugung, daß wir, als eine der neueren nationalen kynologischen Organisationen, unsere Nationalrasse auch in unseren Amtssiegeln führen sollten.

Es gibt bisher nicht viele Bücher über den Rhodesian Ridgeback, und einige der zuvor erschienenen sind nun nicht mehr erhältlich, meine eigenen Veröffentlichungen sind nur noch schwer zu finden. Ich freue mich daher, daß es nun ein neues Buch auf dem Markt gibt, das den deutschsprachigen Lesern Lesestoff über die Rasse bietet.

Kapstadt,
im Frühjahr 1998
Greg R. Eva,
Präsident der Kennel
Union of Southern Africa

Vorwort

Jede Tätigkeit, die jemand neben dem Beruf betreibt, geht auf Kosten der Freizeit und damit auf Kosten Dritter, mit denen man diese sonst verbracht hätte. So ist auch hier wieder ein Dank unerläßlich an meine Frau Silke, die gleichwohl toleriert, daß ich ihr all diese Zeit vorenthalte, weil sie sich offenbar damit abgefunden hat, daß sie einen Hundetexte-schreibwütigen Mann geheiratet hat, aber auch weil sie die Rasse Rhodesian Ridgeback genauso mag wie ich. Hoffentlich gefällt ihr dieses Buch. Und Abbitte geht auch an meinen nun erwachsenen Sohn Florian, der noch lernen wird, daß man im Leben in seiner freien Zeit den Dingen nachgehen soll, die man mit dem Herzen tut und die man daher vielleicht ganz gut kann.

Zum einen schulde ich diese Arbeit an diesem dritten Buch meinem – nach meiner ersten und längst in den Hundehimmel eingegangenen Beaglehündin – zweiten Lieblingshund, unserer Rhodesian Ridgeback-Hündin (Umvuma) „Ruanda". Sie ist uns, über dreizehnjährig, im Geist noch immer hellwach und voll liebevoller Zuwendung, aber in den letzten Monaten doch, trotz aller Würde ihres Alters, körperlich zur Greisin geworden, erst vor wenigen Tagen auf die große himmlische Hundewiese vorangegangen, auf der wir dereinst hoffen, alle unsere Hunde wiederzutreffen. Mit ihrem Foto als Frontispiz auf der zweiten Seite dieses Buches möchte ich Abbitte tun für alle Zeit, die ich nicht draußen mit meinen Hunden, sondern am Schreibtisch verbracht habe.

Zum anderen bin ich mit dieser Arbeit auch der Rasse Rhodesian Ridgeback verpflichtet. Es war mir anläßlich der Beschäftigung mit dieser Rasse vergönnt, viele fabelhafte Persönlichkeiten kennenzulernen. Sie getroffen zu haben ist, neben dem „Lebewesen" Hund selbst, der schönste Lohn für alle Arbeit.

Lorsch, im Frühjahr 1998

Jochen H. Eberhardt

Inhalt

Auftritt: Der Rhodesian Ridgeback!

Rhodesian Ridgebacks heute

Hundelaien werden hauptsächlich aus zwei Gründen auf diese Rasse aufmerksam. Entweder sie sehen diesen eindrucksvoll einfarbigen, athletischen Hund als Begleiter und sind von seiner Erscheinung und Persönlichkeit beeindruckt oder sie lesen vom „(Südafrikanischen) Löwenhund" und werden neugierig.

Hundekenner nehmen die Schönheit der Rasse gerne in Kauf, schätzen aber die Rasse vordringlich ihrer rassetypischen Persönlichkeit wegen. Rhodesian Ridgebacks sind heute ein wenig häufiger in der Öffentlichkeit zu sehen als noch vor zehn Jahren, aber nur selten in der Stadt. Oft sieht man diese Hunde mit ihren Leuten bei langen Spaziergängen in Wald und Feld, und die sind britisch gekleidet, mit Wachsjacken und wetterfesten Hüten oder Kappen. Oder man sieht Autos im Sommer, die nicht abgeschlossen und deren Fenster heruntergedreht sind: Keiner wird es wagen, in das Auto zu fassen, denn darin liegt ein aufmerksamer Rhodesian Ridgeback, der das Fahrzeug nie im Stich lassen wird. Das imponiert auch Hundekennern; und diese Persönlichkeit ist der Hauptbeweggrund, daß die Rasse auf dem europäischen Kontinent einen erfreulichen Aufschwung genommen hat.

Schon hier sei angemerkt, daß inzwischen auch mit Rhodesian Ridgebacks gezüchtet wurde, deren Nervenkostüm nicht vererbungswürdig war und daß es daher auch Rhodesian Ridgebacks gibt, die diese eindrucksvolle Persönlichkeit nicht mehr haben. Die Wiederholung solcher Züchtungen ist den uneinsichtigen Hündinnenbesitzern offenbar auch nicht auszureden, und die Zuchtvereine verhindern so etwas auch nicht immer zuverlässig. Ein Interessent wird daher kritisch wählen müssen.

Verhalten und Charakter

Der Autor räumt freimütig ein, daß es das rassetypische Verhalten des Rhodesian Ridgeback ist, das ihn immer wieder zu dieser Rasse hinzieht, obwohl er als Zuchtrichter aller Rassen weltweit mehr Chancen als andere Hundefreunde hat, seltene und andere Hunderassen aus nächster Nähe zu erleben. Der wunderbar rotbraune homogene Farbton, den glücklicherweise die meisten dieser Hunde haben, ist neben dem streichelfreundlichen kurzen Stockhaar eine weitere angenehme Eigenschaft.

Das Verhaltensrepertoire der Rasse ist, das ist für den Autor nach Halten und Züchten anderer Hunderassen zusammen mit einem Rhodesian Ridgeback klar, in der heutigen Zeit unschätzbar. Der Rhodesian Ridgeback ist ein eher ruhiger Hund, der schon in seiner Jugend eigentlich nach menschlichen Maßstäben recht „anständig" ist und sich, wenn die Besitzer verständig und mit Augenmaß herangehen, meist leichter erziehen läßt als kleinere Rassen. Er ist in-

soweit sozial bestens angepaßt, daß er seine Familie und deren Mitglieder über alles liebt und deren Freunde wie auch die Besucher freundlich duldet, solange sie sich nicht merkwürdig benehmen.

Gegenüber anderen Hunden ist er eher zurückhaltend, aber freundlich in der Grundstimmung, einem wilden Spiel mit einem anderen Hund ist auch ein erwachsener Rhodesian Ridgeback nicht abgeneigt. Das Territorium darf jedoch kein anderer Hund einem Rüden oder einer Hündin streitig machen, das wird von un-

Frau Poduschka-Aigner hält die afrikanischen Rassen zusammen: Basenji-Hündin Horsley Siryoyo und Rhodesian Ridgeback-Hündin Gilah von der Ybbstalheide, genannt 'Wilch'.

12

serem Rhodesian Ridgeback entschlossen ausgefochten, und da hat
eine andere Rasse nur selten die
Chance des Obsiegens.

Der Rhodesian Ridgeback ist äußerst arbeitsfreudig, aber wird nur
das vollziehen, was ihm ausschließlich mit Überzeugungskraft und
Zuneigung vermittelt wurde. Eine
schneidige Dressur, wie sie vielen
Gebrauchshunderassen nicht abträglich zu sein scheint, erregt beim Rhodesian Ridgeback nicht nur Mißfal-
len, sondern oft auch passiven Wi-
derstand – man sieht ihm förmlich
an, daß ihn Feldwebelmanieren an-
ekeln. Und das Erzwungene anneh-
men, lernen, zu Kreuze kriechen tut
er dann schon gar nicht.

Auch diese Rasse entwickelt oft
erst im Alter den Charme, den die
Würde und die Lebenserfahrung äl-
terer Hunde so oft mit sich bringt.
Die Ridgebacks bezaubern immer
wieder mit der Jugendlichkeit, mit
der sie ihre Zuneigung zu den Menschen, die sie lieben, ausdrücken.
Der Rhodesian Ridgeback ist ein
vorzüglicher Wohnungshund, er liegt
ebenso gerne weich und warm wie
seine Menschen. Und er ist der uner-
schütterlichen Überzeugung, daß er
der ideale Schoßhund wäre. Wenn
man ihn nur ließe. Was meist daran
scheitert, daß er vom Schoß der meisten Menschen zu weit überhängt.

Grundsätzlich ist der Rhodesian
Ridgeback, und das macht ihn so

sympathisch, faul und genußsüchtig.
Er liebt warme, weiche Liegeplätze
und das Nichtstun. Will man etwas
von ihm, das ihm unangemessen erscheint, erweist er sich als großartiger
Schauspieler. Ridgebacks können
sich so täppisch, behäbig und stur an-
stellen, daß man befürchten könnte,
sie seien „begriffsstutzig", wenn man
es nicht besser wüßte.

Greifen Sie nach der Leine und
den Schuhen, um Spazierenzugehen,
haben Sie plötzlich einen völlig ge-
wandelten Hund. Wiewohl ruhig in
der Grundstimmung, ist der Rhodesian Ridgeback für einen Spaziergang
immer sofort auf den Füßen – er ist
unermüdlich in seiner Laufleistung.
Und der Spaziergänger darf sich sicher und beschützt fühlen, denn diese Rasse hat oft noch immer die feine
Sinneswahrnehmung, die sie vermutlich, zusammen mit ihrem Mut und
ihrer Wendigkeit, vor rund hundert
Jahren zum idealen Hundetyp für alle
von Cornelius van Rooyen bejagten
Landstriche des schwarzen Kontinents gemacht hat. In dieser Hinsicht
sind Rhodesian Ridgebacks noch immer Löwenhunde.

Erscheinungsbild

Wie aus den nachfolgenden historischen Bildern ersichtlich ist, hat
das Erscheinungsbild des Rhodesian
Ridgeback eine erhebliche Entwick-
lungsarbeit der Züchter hinter sich.

Die orientierte sich zweifellos anfangs vordringlich an der Gebrauchstüchtigkeit der Hunde für den beabsichtigten Zweck und weniger am Aussehen.

Aber die Auswahl über die Gebrauchstüchtigkeit schloß immerhin die jagdlichen und die Wacheigenschaften ein und damit ganz wesentliche Verhaltenseigenschaften. So überlebte gewiß kein Hund, der nicht unter widrigen Jagdbedingungen, so unter Bedrohung durch wehrhaftes Jagdwild, auf sich selbst gestellt das Wild am Stande hielt, bis der Jäger zu Schuß kommen konnte. Und kein Ridgeback blieb am Leben, der sein Haus, seine Farm nicht zuverlässig bewachte und verteidigte. Ebensowenig Erbarmen hatten die Züchter der frühen Jahre mit Hunden, die widrigen Klimabedingungen nicht standhielten. Dazu kam ja auch noch die nicht artgerechte Hundehaltung unserer Vorfahren, die es einfach nicht besser wußten und ihre Hundehaltungsformen und -ernährung so für richtig hielten. Kein Hund kam zur Zuchtverwendung, der nicht genügend Widerstandskraft aufbrachte, trotz der Parasiten in Afrika oder der Infektionskrankheiten wie Staupe oder Leptospirose, gegen die es erst seit etwa 30 Jahren zuverlässige Schutzimpfungen gibt, zu überleben.

Hinter den wenigen Rhodesian Ridgebacks, die zur Zucht kamen und zur Weiterverbreitung in andere Länder, stehen unendlich viele dieser schönen Hunde, die vor einer Zuchtverwendung starben. Aber es war ein „survival of the fittest", ein Überleben der Stärksten und der Gesündesten und damit eine Festigung und Sicherung der Rasse. Wenn man dem heute die Szene in den reichen Ländern der ersten Welt gegenüberstellt, in der viel zu viele Rhodesian Ridgebacks ohne genügende Selektion zur Zucht kommen, kann man ein fundamentales Unbehagen nicht unterdrücken.

Der Rassestandard

Ursprünglich galt im Bereich der Fédération Cynologique Internationale (F.C.I.), dem internationalen Dachverband der nationalen Hundeverbände (außer der in Großbritannien, Kanada und den USA) für den Rhodesian Ridgeback der Rassestandard Nr. 146, basierend auf dem englischen Standardwortlaut Südafrikas vom November 1987. Der deutsche Wortlaut wurde von mir am 10. 04. 1990 in der Übersetzung bei der F.C.I. niedergelegt, und damit gab es eine offizielle deutsche Version. Der Verband des Südlichen Afrikas legte jedoch am 10. 12. 1996 eine neue überarbeitete englische Version dieses Standards vor, die die F.C.I. mit demselben Datum anerkannte.

Im nachstehenden Text folgt zuerst der komplette Originalwortlaut, dann wird meine Übersetzung in einem grau unterlegten Rahmen wiedergegeben. Schreibfehler im englischen Text sind ohne Kennzeichnung verbessert, der Kommentar des Autors zum jeweils vorgehenden Standardwortlaut in fortlaufendem Text wiedergegeben.

F.C.I. Standard No 146 / 10. 12. 1996 / GB
Rhodesian Ridgeback

origin: Southern Africa.
Standard supplied by the Kennel Union of Southern Africa and the Simbabwe Kennel Club.

date of publication of the valid original standard: 10. 12. 1996.

utilization: The Rhodesian Ridgeback is still used to hunt game in many parts of the world, but is especially prized as watch-dog and family pet.

F.C.I. Classification: Group 6 Scent hounds and related breeds, Section 3 Related breeds, Without working trial.

brief historical summary: The Rhodesian Ridgeback is presently the only registered breed indigenous to southern Africa. Its forbears can be traced to the Cape Colony of southern Africa, where they crossed with the early pioneer's dogs and the semi-domesticated, ridged Hottentot hunting dogs. Hunting mainly in groups of two or three, the original function of the Rhodesian Ridgeback was to track game, especially lion, and, with great agility, keep it at bay until the arrival of the hunter.
The original standard, which was drafted by R.R.Barnes, in Bulawayo, Rhodesia, in 1922, was based on that of the Dalmatian and was approved by the South African Kennel Union in 1926.

general appearance: The Rhodesian Ridgeback should represent a well balanced, strong, muscular, agile and active dog, symmetrical in outline, and capable of great endurance with a fair amount of speed. The emphasis is on agility, elegance and soundness with no tendency towards massiveness. The peculiarity of the breed is the ridge on the back, which is formed by the hair growing in the opposite direction to the rest of the coat. The ridge is the escutcheon of the breed. The ridge must be clearly defined, symmetrical and tapering towards the haunch. It must start immediately behind the shoulders and continue to the hip (haunches) bones. The ridge must contain only two crowns; identical and opposite each other. The lower edges of the crowns must not extend further down the ridge than one-third of its length. A good average width of the ridge is 5 cm (2"").

---

behaviour/temperament: Dignified, intelligent, aloof with strangers, but showing no aggression or shyness.

Head

cranial region:
skull: Should be of a fair length (width of head between ears, distance from occiput to stop, stop to end of nose, should be equal), flat and broad between the ears; the head should be free from wrinkles when in repose.

stop: The stop should be reasonably well defined and not in one straight line from the nose to the occipital bone.

facial region:
nose: The nose should be black or brown. A black nose should be accompanied by dark eyes, a brown nose by amber eyes.

muzzle: The muzzle should be long, deep and powerful.

lips: The lips should be clean, closely fitting the jaws.

mouth: Jaws strong, with a perfect and complete scissor bite, i.e. the upper teeth closely overlapping the lower teeth and set square to the jaws. The teeth must be well developed, especially the canines or holders.

cheeks: Cheeks should be clean.

eyes: Should be moderately well apart, round, bright and sparkling, with intelligent expression, their colour harmonising with the colour of the coat.

ears: Should be set rather high, of medium size, rather wide at base, and gradually tapering to a rounded point. They should be carried close to the head.

neck: Should be fairly long, strong and free from throatiness.

Body

back: Powerful.

loins: Strong, muscular and slightly arched.

chest: Should not be too wide, but very deep and capacious; the brisket should reach to the elbow.

forechest: Should be visible when viewed from the side.

ribs: Moderately well sprung, never rounded like barrel-hoops.

tail: Should be strong at the root and gradually tapering towards end, free from coarseness. It should be of moderate length. It should not be attached too high nor too low, and should be carried with a slight curve upwards, never curled.

Limbs

forequarters: The forelegs should be perfectly straight, strong and well boned, with the elbows close to the body. When viewed from the side, the forelegs should be wider than viewed from the front. Pasterns should be strong with slight spring.

shoulders: The shoulders should be sloping, clean and muscular, denoting speed.

feet: The feet should be compact and round, with well arched toes.

hindquarters: In the hind legs the muscles should be clean, good turn of stifle and strong hocks well let down.

gait/movement: Straight forward, free and active.

Coat

hair: Should be short and dense, sleek and glossy in appearance, but neither wooly nor silky.

colour: Light wheaten to red wheaten. A little white on the chest and toes is permissible, but excessive white hairs here, on belly, or above toes is undesirable. A dark muzzle and ears are permissible. Excessive black hairs throughout the coat are highly undesirable.

size: The desirable heights are:
Dogs: 63 cm (25"") to 69 cm (27"")
Bitches: 61 cm (24"") to 66 cm (26"")

weight:
Dogs: 36,5 kg (80 lbs)
Bitches: 32 kg (70lbs)

faults: Any departure from the foregoing points should be considered a fault and the seriousness with which the fault should be regarded should be in exact proportion to its degree.

n. b: Male animals should have two apparently normal testicles fully descended into the scrotum.

Soweit der englische Originaltext, der von den Rhodesian Ridgeback-Kennern Südafrikas und Simbabwes gemeinsam erarbeitet und als verbindlich festgelegt wurde. Im folgenden erläutere ich nun meine offiziell bei der internationalen Dachorganisation niedergelegte deutsche Übersetzung.

F.C.I. Standard No 146 / 10.12.1996 / GB
Übersetzung: Jochen H. Eberhardt

Rhodesian Ridgeback

Herkunft: Südliches Afrika.
Standard erstellt von der Kennel Union des Südlichen Afrika und dem Simbabwe Kennel Club.

Datum der Veröffentlichung des gültigen Originalstandards: 10.12.1996

Kurze historische Zusammenfassung: Der Rhodesian Ridgeback ist gegenwärtig die einzige anerkannte Rasse, die dem südlichen Afrika entstammt. Seine Ahnen können zurückverfolgt werden zur Kapkolonie, wo sie sich mit den Hunden der frühen Pioniere vermischten und mit den halbdomestizierten Hottentottenhunden, die einen Rückenkamm hatten. Meist in Gruppen von zwei oder drei Hunden jagend, war die ursprüngliche Aufgabe des Rhodesian Ridgeback, Großwild, hauptsächlich Löwen, aufzuspüren und mit großer Behendigkeit am Stand zu halten, bis der Jäger herangekommen war.

Der Originalstandard, von F. R. Barnes 1922 in Bulawayo, Rhodesien, aufgestellt, gründete auf dem Dalmatiner-Standard und wurde von der Kennel Union des Südlichen Afrika 1926 anerkannt.

Die Tatsache, daß die Hüter des Rassestandards nicht nur den Hintergrund der Rasse, sondern auch die ursprüngliche Verwendung klar und deutlich der Beschreibung der Details voranstellen, ist eine klare Anweisung an die heutigen Halter, insbesondere aber an die Züchter und die Richter der Rasse in aller Welt, diese so zu erhalten, daß sie auch künftig diesen Anforderungen genügen könnte. Dieser Passus ist auch eine Reverenz an die genannte Person, der die Rasse wie sonst keinem anderen verdankt, wohlorganisiert an das Licht der internationalen Hundeszene getreten zu sein.

Allgemeine Erscheinung: Der Rhodesian Ridgeback sollte einen ausgewogen gebauten, starken, muskulösen, wendigen und aktiven Hund darstellen, symmetrisch im Profil und bei mittlerer Geschwindigkeit äußerst ausdauernd. Das Hauptaugenmerk ist auf Beweglichkeit, Eleganz und funktionale Gesundheit ohne irgendwelche Tendenzen zu einer massiven Erscheinung zu legen.
Die Besonderheit der Rasse ist der Rückenkamm („ridge"), der dadurch

entsteht, daß die Haare in Gegenrichtung zu der am übrigen Körper wachsen. Der Rückenkamm ist das Wappenzeichen der Rasse. Der Rückenkamm muß klar abgegrenzt sein, symmetrisch und zu den Hüfthöckern hin schmaler werden. Er muß unmittelbar hinter den Schultern beginnen und bis zu den Hüfthöckern reichen. Der Rückenkamm darf nur zwei Wirbel („crowns") aufweisen, die dieselbe Form haben und einander gegenüberliegen. Die Unterkanten der Wirbel dürfen nicht über das obere Drittel des Rückenkamms hinausgehen. Ein guter Durchschnittswert für die Breite des Rückenkamms ist 5 cm (2‴).

Allgemeines: Verglichen mit anderen Rassestandards, wird hier gleich zu Beginn ein vorzügliches Gesamtbild als Ziel vorgegeben. So sind den Geschmäckern der einzelnen Hundebesitzer und Zuchtrichter wirksam ein Riegel vorgeschoben. Standardgerecht sind Ridgebacks folglich, wenn sie die Mindestmaße und -gewichte erreichen, die der Rassestandard ganz am Ende dieses Kapitels fordert. Aber daß sie besser sichtbar sind, wenn sie eher im oberen Drittel der erlaubten Varianz liegen, ist unbestritten. Richtig sind Rhodesian Ridgebacks gewiß auch nur dann, wenn sie genügend Masse und Volumen mitbringen.

Gemessen an dem Alter der Rasse und ihrer Herkunft muß man ganz nüchtern einräumen, daß der Rhodesian Ridgeback international nicht nur noch immer eine sehr heterogene, im Erscheinungsbild recht unterschiedliche Rasse ist, sondern gar den kundigen Betrachter einige ihrer Ausgangsrassen erkennen läßt. Dies einerseits zum Extrem der molossoiden, doggenhaft schweren, wenn auch zweifellos eindrucksvollen, Hunde, andererseits schlägt das Pendel der Varianz aus zu schmalen, feingliedrigen, leibarmen und hochaufgeschossenen Hunden, die eher an Windhunde erinnern.

Ausweislich des eindeutigen Standardwortlauts ist keines dieser Extreme korrekt. Hauptsächlich, weil ein solcher Hund der ersten Hauptanforderung nicht genügt: Er ist nicht ausgewogen. Dann, weil zum Beispiel der molossoide, schwere Typ durch den zweiten Satz in dieser Abteilung des Standardwortlauts ausdrücklich ausgeschlossen ist: keine „massive Erscheinung"! Aber auch funktional kann keines dieser Extreme befriedigen: der molossoide Hund nicht, weil mit der extremen Masse eine Verminderung der Dauerleistungsfähigkeit, Wendigkeit und Flexibilität verbunden ist, der windhundartig schlanke Rhodesian Ridgeback aber auch nicht, weil er die Forderungen des Standards „stark, muskulös" nicht erfüllt. Eine gewisse Variabilität in jeder Rasse ist freilich wünschenswert und gesund. Dies aber nur, solange keine

Extreme beteiligt sind. Schon allein die selbstverständlichen Unterschiede des Geschlechttyps von Rüde und Hündin sind Variation genug.

Was der Standard nicht definiert, ist das richtige Format, also das Verhältnis von Schulterhöhe (Entfernung vom Widerrist bis zur Standfläche des Hundes) zur Rumpflänge (Entfernung von der Brustbeinspitze zum Sitzbeinhöcker). Eine solche Erwartung kann nur aus funktionalen Anforderungen hergeleitet werden. Nach diesen muß der Rhodesian Ridgeback ein im Format rechteckiger Hund sein, seine Rumpflänge größer als die Schulterhöhe.

Besonderes: Der Rückenkamm des Rhodesian Ridgeback findet bereits eingangs und in aller Ausführlichkeit Erwähnung im Rassestandard. Hier ist fast eine philosophische Erläuterung fällig, die den Widerspruch der Rassefans herausfordern wird.

Nach meiner Überzeugung ist der Rhodesian Ridgeback eine erfreulicherweise ganz normale Hunderasse, die wegen ihrer Charakter-, Verhaltens- und wegen ihrer körperlichen Leistungseigenschaften verdient, gefördert und verbreitet zu werden. Der Standard sagt ja auch wörtlich „eine Besonderheit der Rasse ist der Rückenkamm" – woraus in Ermangelung anderer erwähnter Besonderheiten im Umkehrschluß hervorgeht, daß der Rhodesian Ridgeback, vom Rückenkamm abgesehen, keine „besondere" Rasse ist. Der Ridge ist vielmehr eine nette und ungewöhnliche Dreingabe, die aber weder der Rasse noch ihren Haltern irgend etwas nützt, sondern eher den Züchtern Sorge macht. Denn diese wirklich lehrbuchwidrige, lokal begrenzte Fellwuchsrichtungs-Fehlentwicklung geht ja schließlich mit Fehlbildungen bei Welpen einher, die das Einschläfern solcher Welpen erforderlich macht. Und die Freunde und Förderer der Rasse haben auch ohne Beachtung der sehr spezifischen Forderungen zum Ridge neben der selbstverständlichen Erhaltung des Ridge, ohne vordringlich auf diesen fixiert zu sein, genügend Zuchtziele zu beachten, um die Rasse auch künftig in urwüchsiger Kraft, mit unerschütterlichem Mut und bei blendender Gesundheit zu erhalten.

Gewiß ist der Ridge einzigartig, und durch züchterische Bemühungen sind die Ridge-Formen bei den im Schauring gezeigten Hunden in der Regel tadellos; man kann sich also anderen züchterisch wichtigen Dingen zuwenden. Wenn man beispielsweise die andere nun mit einem Ridge gezeigte Rasse, den Thai Ridgeback, derzeit im Vergleich betrachtet, dann hat diese zwar höchst unordentliche Ridges, braucht aber dennoch vordringlich nicht einen sauberen Ridge, sondern zuerst einmal mit züchterischen Mitteln eine

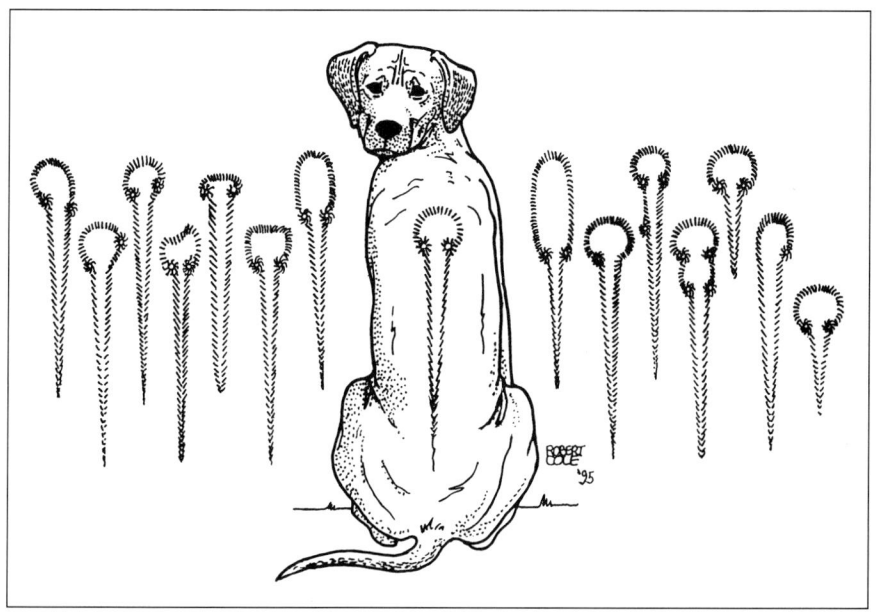

Die vielfältigen Erscheinungsformen des Ridges, zusammengestellt vom kanadischen Hundezeichner Robert Cole.

Besserung ihres Verhaltens. First things first! Also wird man bei den Thai Ridgebacks zuerst züchterisch am Verhalten arbeiten und sich dann erst den Ridge vornehmen. Gleiches gilt für den Rhodesian Ridgeback: Die Wichtigkeit der Zuchtziele darf sich nicht am Äußeren aufhalten, auch wenn eingeräumt wird, daß ein Rhodesian Ridgeback ohne Ridge nicht als solcher erkannt wird.

Gleichwohl soll hier ausgeführt werden, daß die Entstehung eines Fellstreifens, stets entlang der gedachten Längsmittellinie des Rückens und damit genau über der Wirbelsäule verlaufend, auf einer Entwicklung des Hundembryos beruht, die, sagen wir es diplomatisch, bei allen Ridge-losen Hunderassen, und das sind ja fast alle oder alle anderen, anders verläuft, so daß diese Hunde eben keinen Rückenkamm haben. Bei ihnen allen wächst das Fell „in die richtige Richtung", bei unserem Rhodesian Ridgeback wird die Anlage, daß begrenzte Zonen des Fells eben in Gegenrichtung wachsen, vererbt.

Ein Kamm entsteht genaugenommen erst dort, wo zwei Gebiete ge-

21

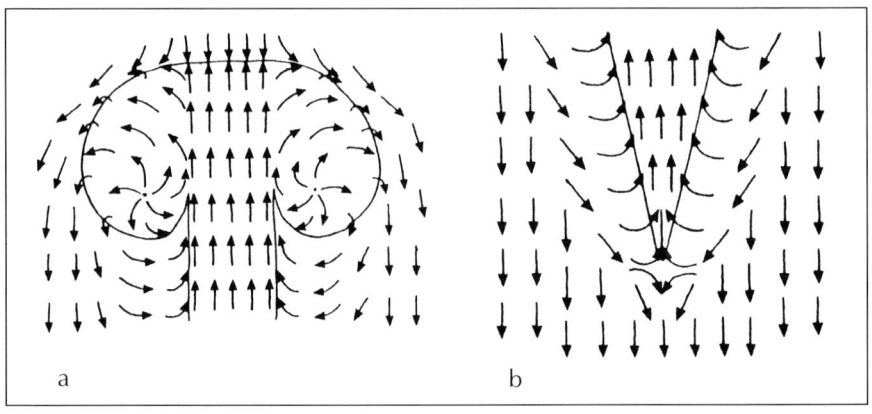

a   b

Wuchsrichtung der Haare im Bereich der Box (a) und des Endes des Ridges (b), aus Elisabeth Müller-Forrers Dissertation.

genläufig wachsender Haarrichtungen direkt aneinandergrenzen. Dies ist natürlich dort sichtbar der Fall, wo der Ridge schmal wird, also nach hinten, zu den Hüfthöckern des Rhodesian Ridgeback hin. Ist der Ridge insgesamt schmal, kann es schon zu einer längeren Kamm- oder Gratbildung kommen, dann wird der alte Ausdruck der Buren in Afrikaans für die Rasse „Pronkrug" (gesprochen „Pronk-rüch"), also Kamm- oder Gratrücken, begreiflich. Zur Verdeutlichung der Wuchsrichtungsänderungen beim Rhodesian Ridgeback seien hier mit ihrer freundlichen Genehmigung die Diagramme aus Frau Müller-Forrers tierärztlicher Dissertation wiedergegeben.

Dennoch macht der Standard klar: Ein Rhodesian Ridgeback ist nur dann ein Rhodesian Ridgeback, wenn er den Ridge am rechten Fleck hat. Während die meisten Ridges tatsächlich am rechten Fleck beginnen, ist ihre Ausdehnung höchst unterschiedlich, bis zu den Hüfthöckern reichen die wenigsten; die meisten sind jedoch korrekt spitz zulaufend. Es gibt noch mehr Variationen bei der Form der „Box", also dem oberen Ende. Hier haben sich die Rhodesian Ridgeback-Spezialisten geeinigt, daß die Crowns, also jene zwei gegenläufig einander am Beginn des Ridges gegenüber angeordneten Haarwirbel, gespiegelt an der Mittellinie des Rückens oder Ridges einander genau symmetrisch gegenüber angeordnet sein müssen; die Toleranz geht höchstens so weit, daß sie um die Breite eines Bleistifts versetzt sein

Proportionen des Ridge: Box (a), Crown (b)

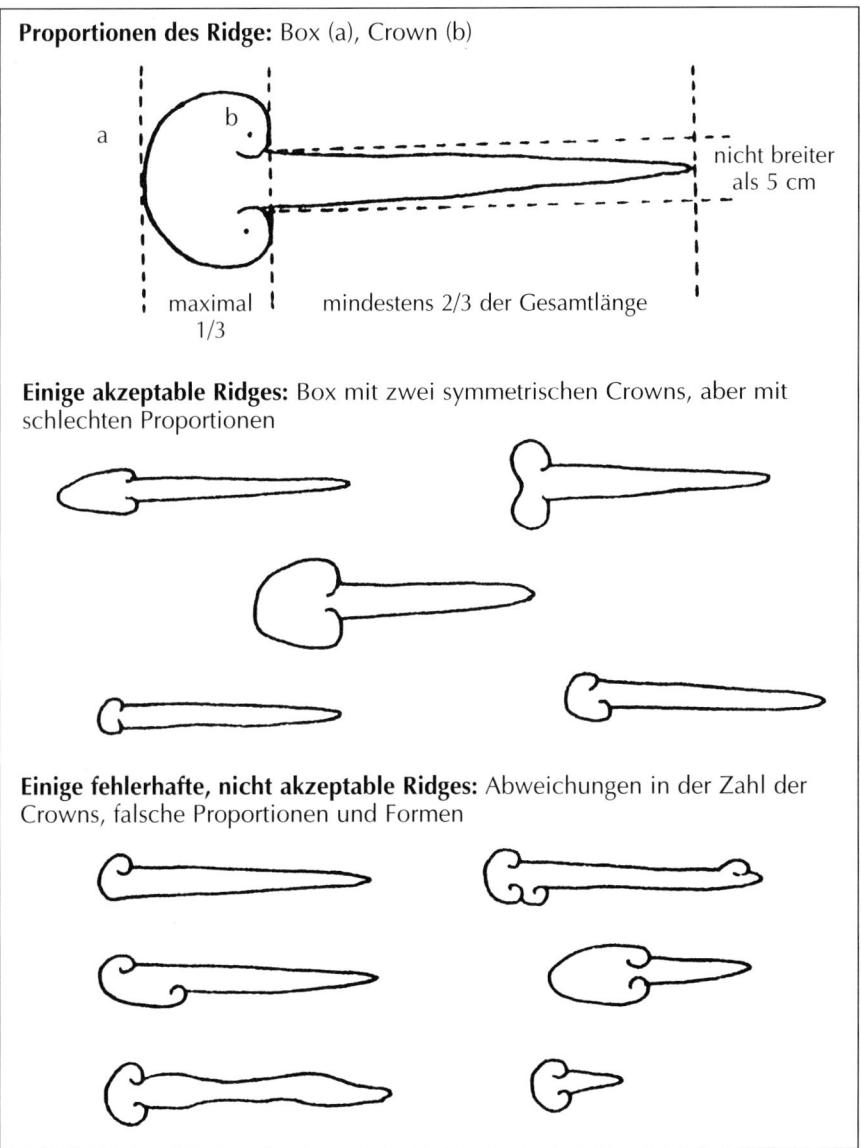

Einige akzeptable Ridges: Box mit zwei symmetrischen Crowns, aber mit schlechten Proportionen

Einige fehlerhafte, nicht akzeptable Ridges: Abweichungen in der Zahl der Crowns, falsche Proportionen und Formen

Idealproportionen von Box und Ridge, annehmbare und fehlerhafte Ridges, aus Elisabeth Müller-Forrers Dissertation.

23

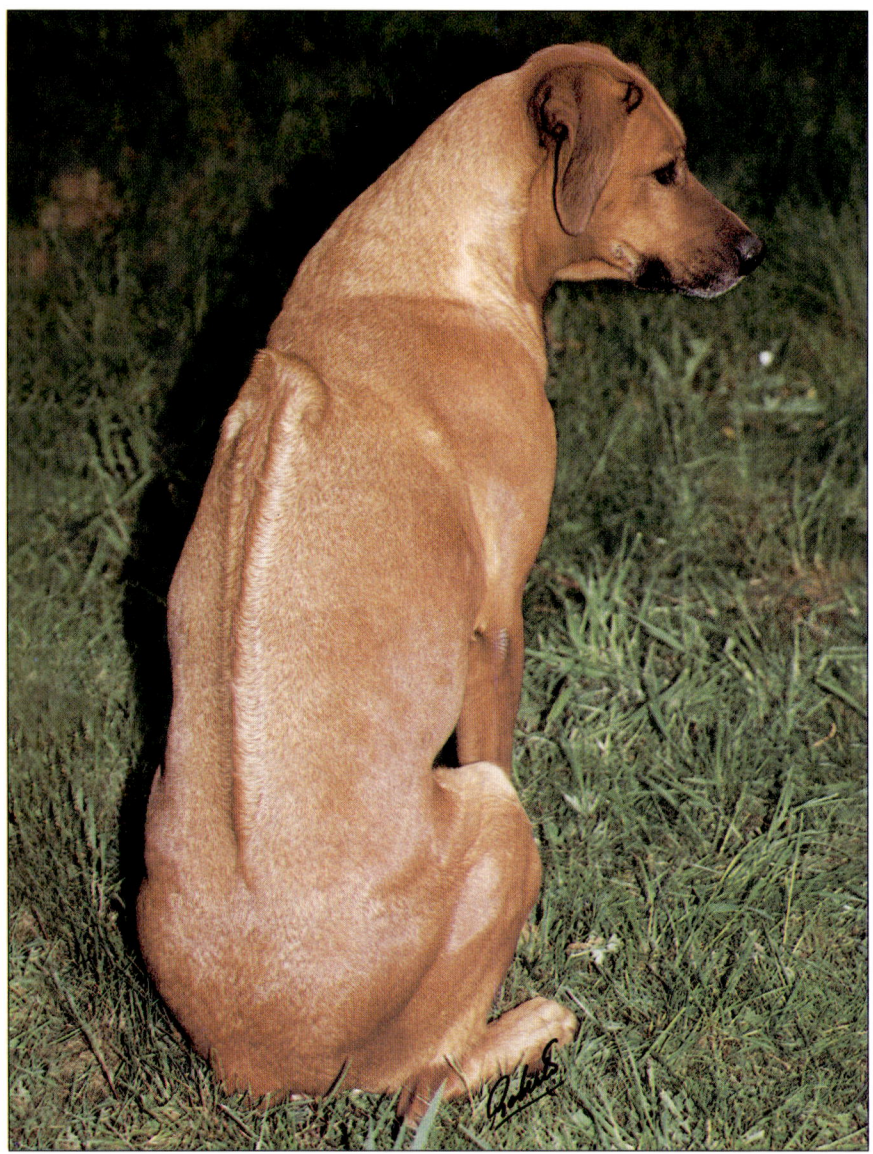

Ridge von ausgezeichneter Länge, vorzüglich plazierte „crowns" und runde „box"
von guter Größe bei Zuritamu Ghajany.

dürfen. Im übrigen ist die Definition des Standards genau genug, um keine weiteren Kommentare zu benötigen.

Es gibt freilich einen Fallkatalog von erlaubten und mehr oder weniger erwünschten Formen der Box. Sie sind offenbar für jene Richter und Züchter bestimmt, die sonst keine Unterschiede zur Klassifizierung und Bewertung der Hunde finden oder die, hoffen wir es, sonst perfekte Hunde vor sich haben. Der Vollständigkeit halber sei hier aus Elisabeth Müller-Forrers Dissertation die zeichnerische Darstellung der Wunschproportionen von Box und Ridge sowie der annehmbaren und fehlerhaften Formen von Ridges wiedergegeben.

Die Vererbung des Ridge- und Kronenbildes wird nach Müller-Forrer noch immer als einfach dominant (für Kenner: mit unvollständiger Penetranz) betrachtet, wiewohl für das Merkmal „ohne Ridge" nur „mit langwierigen Zuchtprüfungen … mischerbige Ridgebacks … ausfindig gemacht werden könnten." Das einfachste ist also, wie in den vergangenen hundert Jahren, nur Hunde mit tadellosem Ridge zur Zucht zuzulassen und sicherzustellen, daß ridgelose oder mit fehlerhaften Ridges behaftete Hunde keinen Eingang in die Zucht finden. Als Familienmitglieder und Lebenspartner sind solche Hunde jedoch, klar und deutlich gesagt, genauso gut wie Rhodesian Ridgebacks mit korrektem Ridge.

Verhalten/Wesen: Würdevoll, intelligent, Fremden gegenüber zurückhaltend, aber ohne Anzeichen von Aggressivität oder Scheu.

„Wesen" ist zwar ein in der Hundewelt üblicher Ausdruck, der Autor bevorzugt jedoch insgesamt den Begriff „Verhalten". Dieser Absatz des Standards ist so hervorragend formuliert, daß er einer Kommentierung nicht bedarf. Es kann höchstens nachgetragen werden, daß selbstsichere Ridgebacks zwar Besucher und Fremde tolerieren, auch anfänglich mit freundlichem Rutenwedeln. Aber der in meinen Augen einzigartige Charakter der Rasse ist eben, daß der Rhodesian Ridgeback eigentlich doch vornehmlich an „seiner eigenen Familie" interessiert ist – eine große Bereicherung für alle Hundebesitzer, die wie der Autor bis dahin nur das alle Menschen gleichermaßen überschwenglich liebende Verhalten der Meutehundrassen kannten.

Wie weit geht die Reserviertheit gegenüber Fremden? Nur so weit, daß sich ein Rhodesian Ridgeback in der Hand und unter unmittelbarer Kontrolle seines Besitzers ohne Zurückweichen und damit selbstsicher und selbstbewußt anfassen läßt, allerdings dabei zeigen darf, daß ihn das einen feuchten Kehricht interessiert. „Scheu" umfaßt nach Interpretation der Zuchtrichter alle Erscheinungsformen des nicht selbstsicheren, nicht absolut standfesten Verhaltens, wie der Rhodesian Ridgeback es nicht nur haben, sondern eben auch zeigen muß. Eher ist ein Rhodesian Ridgeback ohne Ridge rassetypisch als ein Rassevertreter, der sich nicht absolut unbeeindruckt, offen und unerschrocken allen Situationen stellt. Schon ein Schritt des Zurückweichens vor dem auf ihn zukommenden Fremden zeigt an, daß hier nicht das vom Standard für den Rhodesian Ridgeback gewünschte Verhalten vorherrscht. Kundige sehen dies ohnehin dem gesamten körperlichen Ausdruck, insbesondere jedoch dem der Augen an, werden aber durch mehrfaches Testen sicherstellen, daß dem wirklich so ist. Wenn das unverwechselbare, als Kerneigenschaft unverzichtbare belastbare Nervenkostüm und die hohe Reizschwelle bei gleichzeitig großer Aufmerksamkeit nicht verloren gehen soll, darf kein Rhodesian Ridgeback zur Zucht zugelassen werden, der hier nicht ohne alle Zweifel sicher ist. Selbst um den Preis, daß Rhodesian Ridgebacks, die wirklich nur aufzuchtbedingt und damit durch die Schuld ihrer Züchter nicht die gewünschte Gelassenheit zeigen, aber sonst für die Rasse hätten gewiß manches Gute tun können, müssen solche Hunde doch in folgerichtiger Anwendung des Grundsatzes „Im Zweifelsfalle nicht für den Einzelhund, sondern im Interesse der

Rasse entscheiden!" von der Zucht ausgeschlossen werden. Hier Konzessionen machen zu wollen, heißt klar Verrat an der Rasse. Und angesichts der zur Zeit der Verfassung dieses Manuskripts immer wieder angetroffenen scheuen Rhodesian Ridgebacks kann jede auch noch so fehlerhafte Verhaltensbeobachtung, vulgo „Wesenstest", begrüßt werden, die Voraussetzung zur Zuchtverwendung wird.

Wieviel Angriffslust darf der Rhodesian Ridgeback haben? Keine. Aber Präsenz. Bedingt durch ihr „milieugeschädigtes" Aufwachsen in der zu allen Menschen freundlichen Beaglemeute hat meine Rhodesian Ridgeback-Hündin Leuten, die all zu nah an unseren Zaun traten, mit einem gewaltigen Satz mit allen Vieren gegen diesen lautstark klargemacht, daß hier ihr Territorium – und das ihrer Menschen – beginnt. Sie hat sich natürlich ohne Worte, aber nicht minder deutlich, zwischen einen Welpenkäufer und meine Frau gestellt, der in meiner Abwesenheit leidenschaftlich gestikulierend auf meine Frau zutrat. Sie hat auch einen Zuchtwart des Beagle Club freundlich, aber bestimmt am Arm festgehalten, als er auf der Terrasse einen unserer Beaglewelpen tätowierte und der jämmerlich schrie. Insofern haben Rhodesian Ridgebacks offenbar doch einen instinktiv verwurzelten Sinn dafür, was ihren Leuten zuträglich ist und was damit für den Rhodesian Ridgeback als statthaft gilt und was nicht. Wenn man freilich weiß, daß diese Anlage besteht, wird man sich hüten, diese mutwillig, z. B. durch eine Schutzhundausbildung, zu verstärken – das hieße, mit dem Feuer zu spielen. Was verstärkt wird, ist nämlich nicht die Schutzbereitschaft, sondern das Selbstbewußtsein und die Selbstsicherheit des Hundes ebenso wie die Wahrnehmung, daß er während seiner Attacke, die ihm fraglos viel Spaß macht, kaum kontrolliert werden kann.

Es ist ohne Zweifel Kern erfolgreicher Hundeerziehung, den Hund niemals erfahren zu lassen, daß er sich zeitweise der Kontrolle seiner Menschen entzieht und dann tun kann, was er will. Sinnfällig wurde mir dies, als ich abends in der Dämmerung den Halter eines Saarloos-Wolfhundes seinen Hund an die Leine nehmen sah, der sonst den ganzen Tag (auf einer Hundeschau!) ohne Leine, stets ohne Aufforderung, bei seinem Herrn geblieben war. Auf die Frage, warum denn dies jetzt, antwortete der Hundehalter: „Ich will ihm nicht die Chance geben, herauszufinden, daß ich ihn in der Dunkelheit nicht absolut kontrollieren kann!" Ein bedenkenswerter Grundsatz.

Kopf

Hirnschädel

Oberkopf: Sollte von mittlerer Länge sein (Breite zwischen den Behängen, Entfernungen vom Hinterhauptstachel bis zum Stirnabsatz, vom Stirnabsatz zur Nasenspitze sollten gleich sein), flach und breit zwischen den Behängen; in entspannter Haltung keine Faltenbildung am Kopf.

Rassestandards haben es so an sich, daß viele Dinge diffus ausgedrückt werden. Sicher gibt es bei der großen Anzahl der Rhodesian Ridgeback-Liebhaber und -züchter Übereinstimmung darüber, wie lang der Schädel vulgo Kopf des Rhodesian Ridgeback sein muß, um weder zu klein noch zu groß zu wirken. Aber dies bleibt dann auch interpretierbarer Freiraum für die Zuchtrichter. Jedenfalls gehört zu einem mächtigen, muskulösen und kraftstrotzenden Körper auch ein kräftiger, nicht windhundartiger Kopf von so guter Länge, so daß zum Beispiel im Fang kräftig ausgebildete Zähne gut nebeneinander Platz haben. Viele Rhodesian Ridgebacks haben einen so gut gestreckten Fang, daß zwischen den Zähnen, insbesondere den kleinen Prämolaren, die unmittelbar hinter den großen Fangzähnen stehen, Platz genug für Freiräume bleibt.

Schädel ist eigentlich der Ausdruck für die knöcherne Unterkonstruktion des Hundekopfes. Die obere Hälfte des Hundekopfes, in dem Augen und Gehirn untergebracht sind, wird daher auch als „Hirnschädel", der Rest des Kopfes als „Gesichtsschädel" bezeichnet. Jedenfalls sagt der Standard, daß der (Hirn)-schädel in seiner Oberfläche eher flach als gewölbt ist und in gelassener Stimmung keine Runzeln zeigen sollte. Dies ist vielfach in der Wirklichkeit anders, auch, weil viele Hundezüchter das Kindliche, das in den Stirnrunzeln Ausdruck findet, als Anschein andauernder Jugendlichkeit schätzen. Dem gewünschten klaren, standfesten (bester englischsprachiger Ausdruck: „rock steady", standfest wie Fels) und offenen Ausdruck hingegen sind Stirnrunzeln eher abträglich; der Ausdruck wird weniger klar und auch mitunter finsterer.

Stirnabsatz: Der Stirnabsatz sollte recht gut markiert sein: Das Profil darf nicht in einer Geraden vom Hinterhauptstachel zur Nasenspitze verlaufen.

Der Stirnabsatz ist, wenn man die Modellierung der zentralen (Längs)-schädelfurche betrachtet, eher mäßig. Jedenfalls sind die parallelen Linien des (Hirn)schädeldachs und der Fangoberkante wenig mehr als Fingerdicke voneinander entfernt. Der

Stirnabsatz selbst ist ohnehin weniger prägend für die Modellierung des Kopfes als vielmehr die Augenbrauen, die doch den Kopf des Rhodesian Ridgeback deutlich gliedern. Die Modellierung auch dieses Details ist geschlechtsspezifisch unterschiedlich, sie ist bei Rüden deutlicher ausgeprägt als bei Hündinnen.

Gesichtsschädel

Nase: Die Nase sollte schwarz oder braun sein. Eine schwarze Nase sollte mit dunklen Augen, eine braune Nase mit bernsteinfarbenen Augen einhergehen.

Diese Beschreibung ist eine korrekte Darstellung dessen, was die Rhodesian Ridgeback-Kenner bei ihren eigenen Hunden beobachteten: Genauso wenig wie man natürlich rothaarige Menschen treffen wird, die einen bräunlichen Teint aufweisen, weil sie kaum Sonnenbräune erwerben können, wird man Hunde mit brauner Nase finden, die dunkelbraune Augen haben. Und da die Natur nun einmal diese Kombinationen anbietet, sollte man nicht nach widersinnigen Zielen streben.

Die Gruppe von Rhodesian Ridgebacks mit braunen Nasen hat offenbar immer ihre eigenen Verfechter und Liebhaber gehabt; diese behaupten gar, nicht nur die Beschaffenheit des Haarkleides, sondern auch das Verhalten sei bei diesen Hunden anders als bei denen mit den schwarzen Nasen. Diese Variation ist jedoch funktional nicht wichtig, sie ist eher eine Frage der Präferenz, des Geschmacks. Schließlich hatte schon einer der ganz frühen Exporte Rhodesiens nach Großbritannien, der Rüde Lobengula, eine braune Nase.

Das Pigment der Nase ist ebenso wie das der Lippen- und Lefzenränder sicher wichtig – empirische Beobachtungen haben durchaus ergeben, daß farbstarke Hunde in ihrer Sinneswahrnehmung robuster waren als solche, die erheblich weniger Pigment aufwiesen. Das wird aber in der

Variation der Ridgebacks nicht nachvollziehbar sein. Gleichwohl ist Pigment, ebenso wie die Ausdehnung der schwarzen Maske und die dunkler behaarten Behänge, auch ein wichtiger Faktor für das Aussehen und den Ausdruck, die Anmutung eines Hundes. Ein Ridgeback mit Maske wirkt kraftvoller, ausdrucksvoller.

Fang: Der Fang sollte lang, tief und kräftig sein.

Auch hier ein Text, der weiterer Erläuterung nicht bedarf. Für die seitliche Ansicht des Kopfes ist jedoch nachzutragen, daß der Fang nur dann

Der im Ausstellungsring höchst erfolgreiche Rüde „Merten" zeigt, daß in einen gesunden Ridgeback ein vollständiges und kräftiges Gebiß gehört – nur der Oberkiefer und M3 sind verdeckt.

29

genügend Höhe hat, wenn die Unterkante des Fangs ziemlich annähernd zur Fangoberkante parallel verläuft. Der Fang wirkt nur dann nicht spitz und schwächlich, wenn der Fangschnittwinkel, also der von Fangoberkante und vorderer vertikaler Lefzenkante gebildete Winkel annähernd 80 Grad hat.

> **Lefzen:** Die Lefzen sollten straff sein und an den Kiefern anliegen.

Auch hier eine klare Anweisung. Der Kopftyp des Rhodesian Ridgeback wird aber doch in der seitlichen Ansicht ganz klar durch die Länge der Lefzen mitbestimmt. Die Lefzen sind dann lang genug, wenn sie nur sehr knapp über die vorzugsweise schwarz pigmentierten Lippen des Unterkiefers reichen und gar nicht oder nur sehr wenig herabhängen. Mehr wäre weniger. Sind sie länger, paßt das gewiß nicht zur allgemein straffen Gesamtcharakteristik der Rasse. Und dann wird auch das Knie des Besitzers, auf das der Rhodesian Ridgeback so gerne vertrauensvoll seinen Kopf legt, auch nicht trocken bleiben. Bei geöffnetem Fang, so beim Hecheln des Hundes im Sommer, müssen die Lippen so straff sein, daß die gezackte Lippenleiste nicht seitlich kippt. Ein ausgeprägter Lefzen- oder Maulwinkel ist beim Rhodesian Ridgeback unerwünscht.

> **Gebiß:** Starke Kiefer, mit einem perfekt schließenden und vollständigen Scherengebiß. Das heißt, daß die oberen Schneidezähne die unteren Schneidezähne dicht übergreifen und senkrecht im Kiefer stehen. Die Zähne müssen gut entwickelt sein, besonders die Eck- oder Fangzähne.

Die Forderung nach kräftigen Kiefern kann gar nicht genug hervorgehoben werden. Insbesondere die Breite des Unterkiefers des Rhodesian Ridgeback trägt zur Ausbildung eines rassetypischen gut ausgefüllten, kräftigen Kopfes bei. Ist der Oberkiefer von guter Breite, ist der Kopf des Rhodesian Ridgeback nie unter den Augen leer und damit windig im Gesamtausdruck, sondern dort auch immer gut ausgefüllt. Dies trägt auch indirekt dazu bei, daß der Rhodesian Ridgeback dann nicht aussieht, als hätte er „Backen". Die Breite des Unterkiefers, der im übrigen etwas schmaler sein muß als der Oberkiefer, um die schneidenden und brechende Bewegungen des Unterkiefers überhaupt erst zu ermöglichen, läßt sich schon in der Frontansicht des Kopfes ahnen: Man muß zwischen den beiden herabhängenden Oberlippen, die „Lefzen" genannt werden, die Vorderkante des Unterkiefers, das „Kinn", sehen.

Ein gut gebauter, von den Lippen gesäumter Unterkiefer hat einen fast geraden Frontverlauf, seine Grundform muß also, von oben gesehen, wie ein breites großes „U" sein, nie wie ein großes „V", die sechs Schneidezähne stehen dann nebeneinander wie die Soldaten. Wird der Unterkiefer mit der Tendenz „großes V" enger, dann müssen die Schneidezähne, um noch nebeneinander hinzupassen, entweder viel kleiner sein, was für einen großen mächtigen Jagdhund nun einmal indiskutabel ist, oder sie müssen sich, halb hintereinander verschoben in „Kulissenstellung", den vorhandenen Platz teilen.

Insofern ist die ordnungsgemäße Stellung der Schneidezähne – und anderes ist wohl kaum als „perfekt" zu bezeichnen – durchaus wichtig. Besonders wichtig ist hier die übergreifende Stellung der äußersten, mit I 3 (Incisivi = Schneidezähne) bezeichneten Zähne, sie erfüllen eine die großen Fangzähne (Canini) unterstützende Funktion.

Der Wortlaut auch dieses Rassestandards ist im übrigen unpräzise, da sich wirklich nur der Unterkiefer des Hundes mittels kräftiger Muskeln bewegen läßt – es müßte also heißen, daß „die untere Schneidezahnreihe ohne Zwischenraum unter die obere greift ...". Das Scherengebiß ist gleichwohl hinreichend definiert, die unter dem Zahnfleisch liegende Innenseite der oberen Schneidezähne berührt in geschlossenem Zustand des Gebisses die äußere Oberkante der unteren Schneidezähne. Alles andere ist kein ordnungsgemäßes Scherengebiß.

Für das Verständnis eines vollständigen Scherengebisses haben sich die Zuchtrichter in Deutschland darauf geeinigt, daß es keinen vernünftigen Grund gibt, Gebisse zu tolerieren, die weniger als 42 Zähne nach der Standard-Zahnformel enthalten. Zur Erläuterung wird die Zahnformel sowohl des Milch- als auch des Dauergebisses des Hundes, das auch für den Rhodesian Ridgeback gilt, wiedergegeben. Basis der abgekürzten Zahnbezeichnung ist die lateinische Bezeichnung der Anatomen: I = Incisivi = Schneidezähne; C = Canini = Fangzähne, P = Prämolares = Vormahlzähne; M = Molares = (Mahl-) Backenzähne.

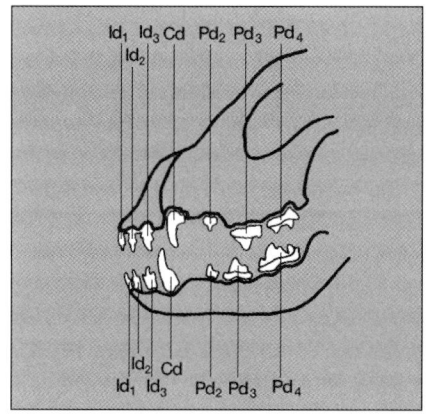

Milchgebiß des Hundes (aus SV Zeitung, Nr. 2, 1988, Dr. Peter Krüger, Wittmund: Gebiß und Zähne des Hundes, nach Budras/Fricke, 1984).

Milchgebiß
(insgesamt 28 Zähne):

Oberkiefer:
I_1 I_2 I_3 C P_2 P_3 P_4 auf jeder Seite des Kiefers 7, insgesamt 14 Zähne
Unterkiefer:
I_1 I_2 I_3 C P_2 P_3 P_4 auf jeder Seite des Kiefers 7, insgesamt 14 Zähne

Bleibendes Gebiß
(insgesamt 42 Zähne):

Oberkiefer:
I1 I2 I3 C P1 P2 P3 P4 M1. M2 auf jeder Seite des Kiefers 10, insgesamt 20 Zähne
Unterkiefer:
I1 I2 I3 C P1 P2 P3 P4 M1. M2 M3 auf jeder Seite des Kiefers 11, insgesamt 22 Zähne

Es gibt zwar allgemein anerkannte Unterschiede in der Bedeutsamkeit von fehlenden Zähnen, bei 99,9 % vollzahnigen Rhodesian Ridgebacks mit komplettem Scherengebiß muß einer, der jene 0,1 % vertritt, ja nun nicht nachgerade zur Zucht verwendet werden.

Daß Zähne kräftig ausgebildet sein sollen und kräftige Knochen für den Rhodesian Ridgeback gefordert werden, hat folgenden Grund: Zähne und Knochen entstammen demselben Entwicklungskreis des Hundefötus und hängen daher auch in ihrer Beschaffenheit und Ausprägung mit Sicherheit zusammen. Die Zähne sieht man im Maul freiliegend, die Knochen kann man nur erfühlen oder erahnen – also liegt ein Rückschluß von der Ausbildung der Zähne auf die der Knochen nahe.

Da das Hundegebiß ein machtvolles Zerkleinerungsinstrument ist, ist das Fehlen von Zähnen, das diese Zerkleinerung wesentlich beeinträchtigen würde, schlechterdings nicht akzeptabel.

Wangen: Keine Backen.

Backen wären für den gewünscht ausgeglichen gebauten Hund, der nicht molossoid im Typ sein darf, typverzerrend – wer dies vergleichend beobachten will, dem sei geraten, als Kontrastprogramm einen guten American Staffordshire Terrier anzuschauen, dessen Kopf schon allein wegen der gewaltigen Bemuskelung Backen aufweist.

So ist der Kopf des Rhodesian Ridgeback, insbesondere bei Rüden, vorwärts gerichtet unter den Augen gut ausgefüllt und dahinter, unter den Behängen, wie Hundekenner die Ohren bei Jagdhunden nennen, nicht deutlich ausgerundet. Der Hirnschädelanteil des Ridgeback-Kopfes kann, wenn man sich die Behänge „wegdenkt", am ehesten wie ein aufrechtstehendes Rechteck beschrieben werden. Dieser Umriß soll nicht

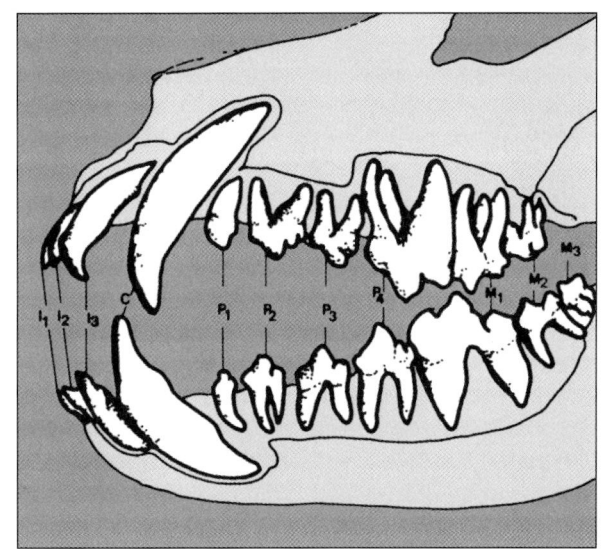

Bleibendes Gebiß des Hundes. Sämtliche Zahnwurzeln sind freigelegt (aus: SV Zeitung, Nr.3, 1988, Dr. Peter Krüger, Wittmund: Gebiß und Zähne des Hundes, nach Budras/Fricke, 1984).

einem Quadrat entsprechen und schon überhaupt nicht einem Kreis.

Augen: Sollten mäßig weit voneinander eingesetzt sein, rund, klar und funkelnd, mit intelligentem Ausdruck. Ihre Farbe soll mit der Fellfarbe harmonieren.

Mit dem Begriff „rund" ist der Standard mit Sicherheit weit weg von der Wirklichkeit. Dies trifft höchstens auf die Pupille zu, die aus physikalischen Gründen gar nicht anders geformt sein kann.

Die Lidspalte, deren Form für alle Rassen im Standard definiert wird, hat nur bei wenigen Rassen wie dem Griffon Bruxellois, dem Französi-

schen Bulldog oder etwa noch dem Amerikanischen Cocker eine tatsächlich runde Form. Diese Form würde hingegen beim Rhodesian Ridgeback und seiner nicht immer dunkelbraunen Augenfarbe einen unangenehm durchdringenden Blick und damit einen aggressiven Ausdruck hervorrufen. Die Lidspalte ist vielmehr eher oval und gut geöffnet. Werden die Lidspalten zu klein, stehen schräg oder sind gar dreieckig in der Form, beeinträchtigt dies den typischen Ausdruck. Das eine wirkt orientalisch und erinnert dann mehr an einen Sloughi, die nordafrikanische Windhundrasse, das andere macht den klassischen Ausdruck der Terrier-Rassen aus.

33

Daß die Augen eines gesunden Hundes jeglicher Rasse klar und funkelnd sein müssen, ist gewiß eine Binsenweisheit; wie jedoch ein intelligenter Augenausdruck erzeugt werden soll, ist mir schlicht schleierhaft. Vorstellbar wäre jedoch, daß für den Ausdruck eines Rhodesian Ridgeback gefordert wird, daß er einen „wachen" oder „aufmerksamen" Augenausdruck zeigen soll.

Die vorige Version des Standards führte zur gewünschten Augenfarbe viel verständlicher aus: „Bei schwarzer Nase dunkle, bei brauner Nase bernsteinfarbene Augen". Schwarze Augen sind bei Hunden nicht erwünscht, sie lassen den Ausdruck düster wirken. Natürlich wären dunkelbraune Augen wie bei allen anderen Jagdhunderassen für einen freundlichen Ausdruck höchst hilfreich. Die Wirklichkeit aber zeigt, daß wirklich dunkle Augen eher selten geworden sind, es herrschen Variationen von Mittelbraun bis Hellbraun vor. Die Aufhellung geht bis „bernsteinfarben", wobei Gelb auch für Tolerante nicht mehr als Bernsteinfarben gelten kann. Als Beispiel zeigt meine Hündin, Umvuma Ruanda, vorn im Buch abgebildet, eine gerade noch tolerable Augenfarbe. Es gibt zwar wie bei den Fellfarben eine offizielle Farbskala von Professor Denis, aber die Vorgabe, daß die Augenfarbe zur Fellfarbe passen soll, ist wesentlich praxisnäher und sinnvoller.

Warnend muß hier darauf verwiesen werden, daß mangelnde züchterische Steuerung der Augenfarbe bei manchen Jagdhunderassen dazu geführt hat, daß keine Zuchttiere mit dunklen Augen mehr vorhanden sind und bei diesen Rassen aus der eigenen Zuchtpopulation der Rasse eine Rückgewinnung des sanfteren Ausdrucks mit dunklen Augen heute als sehr schwierig gelten muß. Diesen Weg sollte der Rhodesian Ridgeback nicht gehen müssen.

Behänge: Sollten ziemlich hoch angesetzt sein, von mittlerer Größe, recht breit am Ansatz und sich zu einer abgerundeten Spitze verjüngen. Sie sollten am Kopf anliegend getragen werden.

Für das Maß, ob der Behang, wie das Ohr traditionell bei Jagdhunden heißt, hoch oder tief angesetzt ist, gibt es in der Hundewelt Übereinkünfte. Der Behang ist tief angesetzt, wenn er in Höhe einer – bei parallel zur Standfläche gehaltener Fangoberkante – Linie entspringt, die in horizontaler Verlängerung des hinteren Augenwinkels verläuft. Mittlerer Ansatz ist dann folgerichtig in Höhe der Verlängerung des oberen Augenöffnungsrandes.

Und hoch angesetzt sind die Behänge des Rhodesian Ridgeback dann, wenn sie deutlich über dieser Linie ansetzen. In der Betrachtung

Demonstration der aus Unsicherheit nicht anliegend getragenen Behänge bei der halbwüchsigen Hündin Umvuma Ruanda.

von vorn dürfen die Behänge nicht über der Schädel-Oberkante getragen werden.

Der Behangansatz prägt im übrigen sehr deutlich den Ausdruck des Rhodesian Ridgeback – sieht man ihn frontal an, sollen die Behänge nur wenig unter der Horizontalen des oberen Schädelprofils angesetzt, aber nicht angehoben getragen werden, sondern (mit ihrer Vorderkante) an der Wange des Hundes anliegen – daß dies möglich ist, sollte der Zuchtrichter im Ring stets prüfen, wenn der gezeigte Hund dies nicht von selbst demonstriert. Hunde, die von ihrem gegenwärtigen Umfeld, aber auch der Stimmung verunsichert sind, drehen die Behänge oft so, daß sie nicht mit ihrer Vorderkante, sondern ihrer Hinterkante anliegen. So äußert sich aber gewiß kein selbstsicherer, unerschrockener Rhodesian Ridgeback, wenn er dem Standard der Rasse entsprechen soll. Die Behänge sind im übrigen fast immer dunkler und feiner behaart als die übrigen Körperoberflächen, die feinen Haare werden zur Behangspitze immer dunkler.

Hals: Sollte ziemlich lang sein, kräftig und ohne lose Kehlhaut.

Der Hals ist beim Hund nicht lediglich der Befestigungssockel für den Kopf, sondern erfüllt insbesondere bei der Bewegung ebenso eine Gleichgewichts-Ausgleichs-Funktion wie die Rute am anderen Ende des Körpers. Die Länge des Halses ist, wie jeder erfahrene Züchter, hoffentlich aber auch jeder Zuchtrichter weiß, ein guter Indikator für die Konstruktion der Vorderhand. Hunde, die wegen ihres kurzen Halses auffallen, haben meist auch einen steil gestellten, kurzen Oberarm und ein nicht ausreichend zurückliegendes Schulterblatt.Um den Schwerpunkt des Gesamtvolumens nach vorn zu verlagern, strecken Hunde ihren Kopf, der dank seines hohen knöchernen Anteils erhebliches Gewicht hat, durch gestreckten Hals nach vorn. Damit verlagert sich der Schwerpunkt, der im Stand etwa im Bereich des unteren Drittels beim hinteren Rippenkorb-Rand liegt, weiter nach vorn in Richtung Vorderhand, die Fortbewegung wird erleichtert. Daß die Verlagerung des Schwerpunktes für die Lageveränderung unerläßlich ist, kann jedermann selbst ausprobieren: Es wird keinem gelingen, aus dem Sitzen bei senkrecht gehaltenem Oberkörper aufzustehen. Dies kann nur dann erfolgreich sein, wenn der Oberkörper nach vorn gebeugt und damit der Schwerpunkt über die Fall-linie manövriert wird, in der die Beine den Körper aufwärts stemmen.

Nun sollte klar geworden sein, warum der Standard einen ziemlich langen Hals fordert: damit sich der Rhodesian Ridgeback raumgreifend und flüssig bewegen kann.

Kehlhaut: dies ist die lose Haut, die Hunde mit viel Körpermasse eben doch oft an der Vorderseite des Halses aufweisen und die dann doch das klassische und gewünschte Profil des straff bemuskelten, trockenen, also ohne sichtbares Fett muskulös modellierten Rhodesian Ridgeback rein ästhetisch stört. Gleichwohl halten Richter, die eher nach funktionalen und daher wichtigen Dingen schauen, Kehlhaut nur dann erwähnenswert, wenn sie deutlich lose herabhängt und die Unterlinie des Halses schwammig erscheinen läßt. Richter sind gut beraten, das Vorhandensein von Kehlhaut zu prüfen, wenn die Vorführer der Hunde im Ausstellungsring immer wieder eine Hand auf dem Hals des Rhodesian Ridgeback ruhen lassen – so wird oft trickreich die Kehlhaut zur dem Aussteller zugewandten Seite hin gestrafft.

Rumpf

Der Rumpf, von dem wir hier eigentlich sprechen, hat mehrere wichtige Funktionen. Zum einen ist er offensichtlich das Verbindungsglied zwischen Vorder- und Hinterhand, zum anderen enthält er die meisten Betriebsmittel des Hundes, schließlich ist vorn der Kopf an ihm festgemacht. Sein Rauminhalt, seine Länge, seine vertikale und horizontale Ausformung bestimmen ganz wesentlich das Erscheinungsbild des Hundes. Seine Bemuskelung und Beweglichkeit entscheiden mit über die rassetypische Beweglichkeit des Rhodesian Ridgeback.

Der Rumpf ist wie ein Gebäude. Gebäude ist mit Recht ein Wort aus der Sprache der Bauleute, das in die Hundesprache eingegangen ist, denn ein Hund muß genauso nach den Regeln der Physik aufgebaut sein wie ein Haus. Das Tragsystem des Rumpfes ist die Wirbelsäule, an der neben den Rippen auch eine Unzahl von Muskeln, Sehnen und Bänder ansetzen, die den sinnreichen Mechanismus „Hund" erst funktionsfähig machen. An sich aber ist die Wirbelsäule ein so bewegliches Element, daß der Hunderücken durchhängen würde wie eine Hängematte, wenn der Rippenkorb nicht wäre. Er ist mit seiner geschlossenen, in seinem Tiefpunkt durch das Brustbein verbundenen Hohlform die perfekte Aussteifung für die beiden vorderen Rumpfdrittel. Und er ist ein wunderbarer Motorraum, fest und doch in sich flexibel und beweglich, in dem die lebens- und betriebswichtigen Organe wie Lunge, Leber und Herz geschützt

untergebracht sind. Die Menschen haben sich dieses wirksame Bauprinzip der Natur abgeschaut – genauso wird ein Schiffsrumpf mit Spanten verstärkt und ausgesteift.

Rücken: Kraftvoll.

Wenn der Rücken kraftvoll sein soll, muß er zweifellos gut bemuskelt sein. Ist er dies, ist er gut ausgefüllt, denn die Muskeln liegen dem Skelett auf, an dem sie befestigt sind.

Nach der allgemeinen Zielvorstellung, die der Standard zu Beginn formuliert, darf jedoch der Rhodesian Ridgeback, um nicht den unerwünschten Eindruck des allzu Massiven zu erwecken, nicht aussehen wie ein Teilnehmer am Wettbewerb um den Titel „Mister Universum", sondern eher wie ein Langstrecken-Leistungspferd.

Lenden: Stark, muskulös und leicht gewölbt.

Während der Rücken eher das obere Drittel des Rumpfes und sein oberes Profil definiert, sind Lenden in der Sprache der Kynologen die Muskelpartien, die beiderseits der Wirbelsäule vor der Hinterhand angeordnet sind. Da dies diejenige Partie des Hunderumpfes ist, die nicht von Rippen ausgesteift ist, muß hier die Muskulatur neben der Bewegung auch die Funktion des Haltens und Stützens ausüben.

„Leicht gewölbt" ist meiner Meinung nach ein unglücklicher Ausdruck, denn er bezeichnet offenbar nicht, was er meint. Nach Betrachtung der vielen ausgezeichneten Rhodesian Ridgebacks, die ich nicht nur auf Zuchtschauen gerichtet, sondern in allen Ländern kritisch und neugierig angesehen habe, ist die Wirklichkeit von dieser Standardvorgabe weit und entschieden entfernt. Man könnte dieser Forderung zustimmen, wenn man die seitliche Modellierung einer gut bemuskelten Lende darunter verstünde. Hinsichtlich der Ober- und Unterlinie des Lendenbereichs hat kein vorzüglicher Rhodesian Ridgeback eine solche Wölbung – eine Änderung der Oberlinie setzt erst nach der Lende, im Bereich der leicht schrägliegenden Kruppe ein. In diesem Punkt meint der Rassestandard zweifellos etwas, was sich nicht mir, vielleicht aber dem geneigten Leser erschließt.

> **Rippenkorb:** Sollte nicht zu breit sein, aber sehr tief und geräumig; der tiefste Punkt des Brustbeins sollte in Höhe des Ellbogenpunktes liegen.

Für die Tiefe des Rippenkorbs gilt analog zu anderen Leistungsrassen, daß die Unterkante des Rumpfes,

von der Seite gesehen, bis zum Ellbogenpunkt reichen muß, nicht darüber und nicht darunter. Der tiefste Punkt dieser Unterlinie muß exakt zwischen den beiden Vorderläufen liegen, nicht davor und nicht dahinter. Das Brustbein, und das können auch Laien beim so kurzhaarigen Rhodesian Ridgeback von der Seite sehen, muß so weit nach hinten reichen, daß die Rippen, die im letzten Drittel des Rippenkorbs zur Lende hin verlaufen, ein nahezu geschlossenes Rippenschiff ergeben. Kurze, im hinteren Drittel nahezu offene Rippenkörbe sind ein schwerer anatomischer Nachteil. Diese Rippenkorbanlagen spüren wache und qualitätsbewußte Züchter schon, wenn sie den Welpen auf der Hand haben.

Als Faustregel für die Rippenkorblänge kann gelten, daß bei den meisten normal gebauten Hunderassen der Rippenkorb etwa zwei Drittel der Rumpflänge beanspruchen soll. Eine solche Aufteilung sichert eine ziemlich kurze Lende, diejenige Abteilung des Rumpfes, in dem die Wirbelsäule ausschließlich von Muskeln begleitend unterstützt wird. Bei Rüden wird etwas weniger, bei Hündinnen, die etwas mehr Platz zur gelegentlichen Aufbewahrung und zum „Ausbrüten" von Welpen brauchen, etwas mehr Lendenlänge toleriert. Eine feste und im wesentlichen gerade Rückenlinie aber ergibt sich nur, wenn der Rücken kraftvoll bemuskelt, mit Muskeln gut bedeckt und ausgefüllt ist. Insbesondere entlang der Schwachstrecke Lende müssen mächtige Muskelstränge die Wirbelsäule beiderseits begleiten und bei aller erforderlichen Flexibilität, die ein wendiger Rhodesian Ridgeback für seine Arbeit haben muß, für die nötige Spannung sorgen. Wie auch soll ein Hund ansehnlich und stattlich sein, wenn er nicht eine muskulöse Lende, in jenem Bereich einen breiten Rücken und eine breite, mächtige Kruppe vorweisen kann? Kräftige Muskeln an dieser Stelle erzeugen, was der Standard mit „leicht gewölbt" beschreibt. „Leicht gewölbt" kann aber nicht heißen, daß es über der Lende zu einer deutlichen Wölbung kommt, wie sie Windhunde ganz legitim haben, denn der Rhodesian Ridgeback ist nun einmal kein Windhund.

Vorbrust: Sollte, von der Seite gesehen, sichtbar sein.

Von der Seite betrachtet, muß bei einem erwachsenen, körperlich ausgereiften Rhodesian Ridgeback, der eine vernünftig, funktional richtig gewinkelte Vorderhand und einen richtig entwickelten Rumpf hat, auch noch vor der nach oben verlängerten Linie der Vorderlaufvorderkanten noch ein wenig Rumpf zu sehen sein. Dies deshalb, weil das Brustbein, das

praktisch den Kiel des Rippenschiffs bildet, wie ein Schiffskiel nach vorn hochgezogen sein muß, um den Schiffskörper nach vorn harmonisch abzuschließen. Nur eine ausreichend geformte, geschlossene Vorbrust komplettiert einen korrekt gebauten Rumpf.

Konzessionen sind zu machen bei Hunden, die zwar ihre Endgröße schon erreicht haben, aber körperlich noch nicht ausgereift sind. Dies ist bei großen Hunderassen mitunter erst mit drei Jahren der Fall.

Von vorn betrachtet, muß beim erwachsenen Rhodesian Ridgeback soviel Platz zwischen den Vorderläufen sein, daß eine kräftige Männerhand dazwischen paßt. Wie ich gelegentlich Grund habe, im Schauring zu bemerken, ist hiermit gemeint, daß die Hand „waagerecht und nicht senkrecht gehalten" dazwischen passen muß. Der Richter bezeichnet diese „Brustbreite" auch manchmal als „Buggelenkbreite", nämlich den Abstand zwischen den Gelenken, die Schulterblatt und Oberarm verbinden.

Rippen: Mäßig gewölbt, niemals tonnenförmig.

Wie der Standard richtig ausführt, muß der insgesamt sehnig-schlanke Rhodesian Ridgeback einen nur mäßig gewölbten Rippenkorb aufwei-

Auch in Norwegen liebt man die Persönlichkeit dieser Rasse. Der aus skandinavischen Linien gezüchtete Exgate's Headhunted Hero Bonzo demonstriert hervorragende Brustbreite.

sen, etwa im Querschnitt wie ein recht flachgedrücktes Ei, das auf seiner Spitze steht. Ein tonnenförmiger, im Querschnitt runder Rippenkorb führt nicht nur zu ungenügender Höhenentwicklung des Körperhohlraums und damit zu wenig Raum für die Organe, sondern macht auch eine weite Stellung der Vorderläufe, die in einen hin- und herpendelnden Gang der Vorderhand ergibt. In der Frontansicht muß der Rumpf ein deutlich aufrecht gestelltes Rechteck sein und bleiben, jede Annäherung an ein Quadrat oder gar einen Kreis wäre schlecht. Im übrigen müssen die Masse und der Rauminhalt des Rumpfes immer im Harmonie zum übrigen Hund passen – ein Rhodesian Ridgeback mit mächtigem Rumpf, feinen Knochen und kurzen Läufen sieht nun einmal aus wie eine Leberwurst auf Streichhölzern. Eigentlich müßte die gesamte körperliche Entwicklung schon allein offensichtlich machen, ob es sich um einen Rüden oder eine Hündin handelt, ohne daß man nach den „Betriebsmitteln" schauen muß. Und der gesamte Standard macht als Zielvorstellung deutlich, daß der Rhodesian Ridgeback, insbesondere bei Rüden, eher auf den Typ „John Wayne" als auf den Typ „Anthony Perkins" abstellt.

Rute: Am Ansatz kräftig, zur Rutenspitze hin allmählich dünner werdend, nicht grob. Von mäßiger Länge, weder zu hoch noch zu tief angesetzt, leicht gebogen getragen, aber niemals geringelt.

Die Rute ist bei Hunden nicht angebracht, damit man sie so praktisch daran festhalten kann, sondern sie ist vielmehr die äußere Fortsetzung der Wirbelsäule und hat zwischen 20 und 23 Wirbel. Sind einige dieser Wirbel untereinander verwachsen oder stehen nicht ordentlich wie die Soldaten hintereinander, wird dies in der Hundewelt als ernste Abweichung betrachtet, eine Abweichung im gesundheitlich äußerst wichtigen Bereich der Skelettentwicklung. In der Fachsprache werden diese Abweichungen je nach Erscheinungsform z. B. als „Knickrute" oder „Blockbildung" bezeichnet. Aufschluß darüber ergibt sich nur bei röntgenologischer Darstellung in zwei um 90 Grad gegeneinander versetzten Ebenen parallel zur Rutenachse – an der Wirklichkeit ändert aber auch eine Röntgenuntersuchung nichts. Solche Hunde werden in der Regel als Merkmalsträger von der Zuchtverwendung ausgeschlossen. Für die Rasse ist dies auch deshalb sinnvoll, weil es keinen vernünftigen Grund gibt, warum man nicht ausschließlich auf die 99 % der Zuchthunde ohne Ruten- und damit Skelettveränderungen zurückgreifen

41

soll, die verfügbar sind, sondern ausgerechnet auch noch auf das eine Prozent mit bedenklichen Veränderungen.

Der Standard des Rhodesian Ridgeback ist recht deutlich hinsichtlich Form und Beitrag der Rute zum allgemeinen äußeren Erscheinungsbild. Plump wäre die Rute zum Beispiel, wenn sie dick und kurz wäre wie die Otterrute eines Labrador Retrievers. Nicht nur, daß eine solche Rute zum ansonsten eher gestreckten, kraftvoll-eleganten Hund nicht passen würde, der Rhodesian Ridgeback braucht sie auch nicht als Steuer bei der Wasserarbeit, für die der Labrador nun einmal gezüchtet wurde. Aber sie dient auch dem Rhodesian Ridgeback als Steuer oder als Gegengewicht bei der Bewegung, dem Aufheben und Setzen der vier Pfoten, wie es sich ja genauso für Menschen leichter läuft (man denke an marschierende Soldaten), wenn sie den jeweils dem erhobenen Fuß gegenüberliegenden Arm gegenläufig bewegen. Soll dieses Gegengewicht ausreichende Masse haben, muß die Rute eine gewisse Mindestlänge aufweisen. Beim Rhodesian Ridgeback ist es nicht anders als bei vielen anderen Rassen: An der Hinterkante des Hinterlaufes angelegt, soll die Rutenspitze etwa bis zum Hintermittelfußwurzelgelenk, vulgo Sprunggelenk, reichen. Viel kürzer ist zu kurz. Länger ist aber selten.

Die Haltung der Rute ist zum einen eine Frage der Stimmung des Hundes, aber hinsichtlich der Vorbedingungen der Haltung auch eine Folge der Kruppenlage. Liegt die Kruppe, wie sie beim Rhodesian Ridgeback sein soll, nämlich am hinteren Ende nur wenig aus der Waagerechten abgesenkt, dann ist die beste Rutenhaltung gegeben, wenn die Rute in der Bewegung schwebend in Verlängerung der Kruppe ungefähr waagerecht getragen wird. Natürlich neigen Rüden dazu, besonders in Gegenwart anderer Rüden, ihre Ruten dominant hochzunehmen. Mit Sorgfalt muß jedoch darauf geachtet werden, daß Rhodesian Ridgebacks, die die Rute erheblich höher tragen als sie Robert Coles Zeichnung (s. Abbildung S. 51) zeigt, nur mit äußerster Zurückhaltung zur Zucht verwendet werden. Wie sich bei anderen Rassen erwiesen hat, ist es sehr schwer, einer Rasse züchterisch eine niedrigere Rutenhaltung wieder einzuzüchten, wenn die Ruten erst einmal bei den meisten Hunden der Rasse recht hoch getragen werden. Eine schlechte Rutenhaltung ist genetisch offenbar äußerst penetrant.

Die Haltung der Rute ist freilich auch ein Barometer für Stimmung und Selbstsicherheit des Hundes: Rhodesian Ridgebacks, die im Stand die Rute an ihrem unteren Ende aus der Senkrechten nach vorn bringen, sie einklemmen oder gar zwischen

„Merten", ein höchst erfolgreicher Ausstellungshund, geht – im Gegensatz zu vielen anderen Ridgebacks – gerne ins Wasser.

die Hinterläufe ziehen, fehlt es an der unerläßlichen Selbstsicherheit der Rasse – bei vernünftigen Richtern führt ein solches Detail zu Recht zu harschen Abwertungen. Nichts ist bei Ausstellungen, den Schaufenstern der Hundewelt, jämmerlicher als große Hunde, die man, übertragen ausgedrückt, am liebsten durch die Bahnhofsmission aus dem Ring in das Warme führen lassen würde.

Eine andere Besonderheit, die man bei nicht einfarbigen Hunderassen, denen die Rute lang belassen wird, nicht so gut beobachten kann wie beim Rhodesian Ridgeback, ist der Violfleck. Viele Ridgebacks zeigen etwa im ersten Drittelpunkt der Rute, von der Rutenwurzel an gesehen, einen etwas dunklen, mitunter auch etwas dünner behaarten Fleck. Darunter liegt in der Rutenhaut ein Drüsengebiet, was wohl bei den wilden Vorfahren unserer Hunde noch Funktionen mit Duftstoff- und Hormonproduktion erfüllte, das aber bei unseren vierbeinigen Familienmitgliedern, vielleicht glücklicherweise, nicht mehr arbeitet. Sollten Sie also einen Rhodesian Ridgeback mit einem solchen Fleck haben, bringen Sie ihn bitte nicht in die chemische Reinigung.

Die Behaarung der Rute ist insgesamt ein wenig länger als an den übrigen Körperteilen. Dies ist offenbar doch ein recht guter Schutz dagegen, daß sich Rhodesian Ridgebacks beim Wedeln mit der Rute das oft nicht so gut durchblutete Rutenende wundschlagen. Der Rhodesian Ridgeback ist also ein recht guter lebender Beweis dafür, daß manches Argument der traditionellen Rutenamputierer nicht stimmt. Wenigstens nicht, wenn die Züchter den Hunden eine vernünftige Rutenbehaarung anzüchten.

Gliedmaßen

Vorderhand: Die Vorderläufe sollten vollständig gerade sein, stark und mit kräftigen Laufknochen, die Ellbogen am Rumpf anliegen. Von der Seite gesehen, sollte der Vorderlauf breiter sein als von vorn gesehen. Starke Vorderfußwurzelgelenke, Vorderfuß leicht geneigt gestellt.

Die Vorderhand ist leider für viele Hundebesitzer und Züchter, aber noch bedauerlicher, ebenso für manche Zuchtrichter eine Erscheinung, die in die Kategorie „ungelöste Rätsel

der Natur" fest eingeordnet bleibt. Manche betrachten sie auch als Wunder, die man nicht versuchen sollte zu erklären, denn sie könnten dann auf magische Weise plötzlich nicht mehr funktionieren.

Es ist richtig, die Vorderhand des Hundes ist ein vielgliedriges Element des Hundeskeletts, und sie ist für die weit verbreitete Methode, den Hund wie eine wohlkonstruierte Maschine, die bellen kann, zu betrachten, ungeeignet. Denn die Vorderhand ist nicht durch Schrauben und Bolzen, noch nicht einmal knöchern mit dem übrigen Hundeskelett verbunden, sondern ausschließlich mit Muskeln, Sehnen und Bändern. Man muß sie studieren, um sie zu verstehen.

Der Standard sagt nicht viel über die Winkelungen der Vorderhand, die Anforderungen ergeben sich eher als Rückschluß aus den Forderungen für den Bewegungstyp, den der Rhodesian Ridgeback haben soll. Nur für die Schulter ist ausgesagt, daß sie schräg gelagert sein soll, die Vorderläufe, also Unterarm – und Vorderfußwurzelknochen, sollen absolut gerade gestellt sein. Wenn aber die Bewegung einerseits „frei und rege" sein soll und die Hinterhand „im Knie gut gewinkelt", dann wird sich der Rhodesian Ridgeback nur dann flüssig bewegen können, wenn die Winkelungen der Vorderhand zum Übrigen passen: Sie muß ebenfalls gut gewinkelt sein.

Winkelungen, die Stellung von Gliedmaßen, die durch ein Gelenk verbunden sind, sind der Trick der Natur, auftreffende Kräfte im Skelett von Menschen und Tieren abzufedern. Sie sind höchst sinnreiche Vorrichtungen, um die Bewegung so effizient wie möglich, mit geringstem Kraftverbrauch, gestalten zu können. Wer sich nicht vorstellen kann, wie genial Winkel funktionieren, halte einmal einen Besenstiel fest umfaßt und stoße mit aller Kraft auf den Boden – das merkt man ganz schön?! Nun stoße man mit derselben Kraft mit einem mehrfach abgeknickten Ast auf den Boden – der Unterschied ist auffällig. Wie man sieht, hat die Natur das ganz gut erfunden, die auftreffende Bewegungsenergie wird in den Gelenken umgeleitet, die begleitenden Muskeln sind mit ihrer Arbeit des Streckens und Zusammenziehens in der Lage, diese auftreffende Energie teilweise zu verzehren und damit zu kompensieren.

Die andere Funktion der Winkelung ist die des Zusammenfaltenkönnens. Wie an der Zeichnung des trabenden Rhodesian Ridgeback von Robert Cole in der Abbildung auf Seite 51 zu sehen ist, hat der dem Betrachter zugewandte Vorderlauf seine maximale Streckung erreicht und setzt etwa in der Fallinie von der Nasenspitze, bei gut gebauten Hunden noch davor, auf. Der andere Vorderlauf ist am Ende der Stemmphase

und wird gerade vom Grund aufgehoben. Wäre der Lauf nicht hier durch sein Vorderfußwurzelgelenk „faltbar", würden der weit vorgreifende Hinterlauf derselben Körperseite mit dem Vorderlauf zusammenstoßen. Was sich auf der abgewandten Seite des gezeichneten Rhodesian Ridgeback befindet und was man daher nicht sieht, ist, daß das Schulterblatt in eine fast senkrechte Stellung rotiert ist und der zum Teil verborgene Oberarm zu diesem Zeitpunkt etwa horizontal liegt. Auf der uns zugewandten Seite ist die maximale Vorwärtsstreckung erreicht, der Unterarm etwa 45 Grad zur Standfläche, der Oberarm steht etwa senkrecht. Nun wird es für alle einfach: Wenn der Zeichner die beiden Extremsituationen der Vorderhand dargestellt hat, müßte eigentlich die Mittelstellung genau zwischen diesen beiden Extremen die erwünschte Normalstellung des Rhodesian Ridgeback im Stand ergeben.

„Anliegende Ellenbogen" – das ist mit anderen Worten die Forderung, daß sich der Oberarm und der Rest der Vorderläufe in zwei zur Bewegungsrichtung parallelen Ebenen bewegen sollen. Jede Abweichung hiervon ist eine Minderung in der Effizienz und in der Wirtschaftlichkeit. Da solche Abweichungen anzeigen, daß der betreffende Hund im Praxistest einen ganzen Jagdtag auf schwierigem Gelände kaum durchstehen könnte, sind sie auch im Ring der Zuchtschau, weil zuchtbedeutsam, mit deutlichen Abwertungen zu belegen. Die sicher angeborene Neigung, die Ellbogen auszudrehen, kann freilich beim heranwachsenden Hund durch unvernünftige Überfütterung und bewegungsmäßige Überanstrengung, aber auch durch törichte Duldung dessen, daß der Welpe und Junghund immer wie ein Berserker an der Leine zieht, verschlimmert und ausgeprägt werden.

Daß die Vorderhand kräftige Knochen haben soll, ist für einen ansehnlichen, stattlichen Hund wie den Rhodesian Ridgeback selbstverständlich. Mit kräftigen Knochen gehen kräftige Gelenke mit großen Ansatzflächen für Sehnen und Bänder einher, daher ist auch diese Forderung des Standards eine funktional begründete. Die Vorderläufe sollen absolut gerade sein, dies gilt, da nicht anders spezifiziert, sowohl für die Ansicht der Vorderhand von vorn als auch von der Seite. Wenn der Rhodesian Ridgeback in der Frontansicht kein „breiter Typ" sein soll, kann die Knochensubstanz nicht in zwei mächtigen Säulen untergebracht werden, die nahe beieinander stehen. Auch weil die Vorderläufe auf zwei kraftvollen Knochen des Unterarms, der Elle und der Speiche, beruhen, werden diese beiden Knochen besser untergebracht, wenn sie aneinander liegen. So ergibt sich in der Seitenansicht eine größere Breite des Vorderlaufs als es von vorn betrachtet erscheint.

Schultern: Die Schultern sollten sich, schrägliegend, klar abzeichnen und, muskulös, große Geschwindigkeit erahnen lassen.

Unterarm und Vorderfußwurzelknochen stehen – nach Vorgabe des Standards – fast senkrecht (zwischen 135 Grad beim Vorgreifen und etwa 45 Grad beim Abheben), der Oberarm etwa bei 45 Grad vom Ellbogenpunkt nach vorn geneigt (das ist die Mittelstellung zwischen waagerecht und senkrecht), dann muß das Schulterblatt im Stand bei etwa 120 Grad zur Standfläche liegen. Eine andere Faustregel zu dem Winkelverhältnis Oberarm-Schulterblatt(gräte) ist, daß der Öffnungswinkel etwa 80 Grad beträgt. Die Richter behelfen sich mit vielen Grobannahmen, die anzeigen, ob der Hund etwa korrekt gebaut ist – so gilt auch, daß Schulterblatt und Oberarm etwa ähnliche Länge haben sollen, um einen weiten Vortritt der Vorderhand zu ermöglichen.

Pfoten: rund und geschlossen, mit gut gewölbten Zehen.

Die Pfoten müssen viel aushalten. Immerhin ruht auf vier Pfoten – und bei manchen Gangarten zeitweise auch nur auf zweien davon – das gesamte Gewicht des Rhodesian Ridgeback. Und die Belastung aus dem Eigengewicht wird immens durch die Beschleunigung erhöht, die der Körper des Hundes in der Bewegung erfährt.

Die vier Pfoten eines Welpen müssen sein ganzes langes Leben halten und ihn nicht nur über Stock und Stein, sondern ebenso über glatte, kalte, rauhe, heiße, ebene und mit spitzen Graten versehene Böden, durch Matsch und Schnee ebenso wie über das Eis tragen. Woraus folgt, daß die Hundepfoten äußerst sinnreich konstruierte, höchst widerstandsfähige Teile des Hundes sind. Hundepfoten unterscheiden sich in ihrer Form, Größe, Festigkeit und im Maß, in dem ihre Pfotenballen gepolstert sind.

Stehen die Vorderläufe nahezu senkrecht auf, müssen die Pfoten natürlich bestens gepolstert sein, denn keine Winkelung des Vorderlaufs kompensiert sonst die Kraft, die aus Eigengewicht und Beschleunigung des Rhodesian Ridgeback kommt. Die Pfotenpolsterung und Form der Vorderhand ist ein Resultat der Stellung des Vordermittelfußes. Da der Rhodesian Ridgeback einen in der Regel nahezu senkrecht gestellten Vordermittelfuß hat, kommt die Belastung recht senkrecht direkt von oben auf die Pfoten. Also: Ein gutes, dickes Pfotenpolster ist erforderlich.

Auch an der Hinterhand steht der Hintermittelfuß nahezu senkrecht, woraus sich auch für die Hinterpfoten dieselbe Anforderung ergibt. Die Pfoten müssen „kompakt", also mindestens an der Vorderhand rund, an der Hinterhand oval und mit fest geschlossenen Zehen stehen; ein Rhodesian Ridgeback auf flachen Latschen mit gespreizten Zehen könnte sich auf der Jagd nicht lange auf den Läufen, vielmehr auf den Pfoten, halten. Pfote heißt im Englischen „paw". Wie sagen die erfahrenen Jäger Südafrikas, Sambias und Simbabwes? „No paw, no dog!"

Der Standard sagt nichts über die Farbe der Krallen. Wenn aber der Rhodesian Ridgeback eine einfarbige Rasse ist und bleiben soll, müssen bei jeder Zuchtzulassung gewiß die Pigmentierungen der Hunde besichtigt und bewertet werden. Hierzu gehören die satt pigmentierten, nicht etwa aufgelöst gefleckten Lippenränder und möglichst dunkles Zahnfleisch ebenso wie schwarze Krallen. Ausnahme: Wenn ein Rhodesian Ridgeback weiße Pfoten oder Zehen hat, wäre es töricht, an diesen Stellen schwarze Krallen zu erwarten; dort sind auch weiße bzw. farblose Krallen statthaft. Zur Länge der Krallen: Wenn ein Hund, welcher Rasse auch immer, oft auf harten Flächen läuft, bleiben die Krallen kurz und die Pfoten fest und geschlossen, wenn hierfür die Anlage besteht. Für meine

Meute ist der engere Hundeauslauf 30 cm hoch mit Grobkies bedeckt. Der ist nicht nur immer trocken und gut zu säubern, sondern auch die ältesten Meutemitglieder haben kurze Krallen und feste, geschlossene Pfoten.

Wenn Krallen einmal gekürzt werden müssen, lassen Sie sich das am besten von einem erfahrenen Züchter zeigen, um beim Zurückschneiden nicht den Krallennerv zu treffen, denn das wäre für den Hund schmerzhaft und eine blutige Affäre. Als Werkzeug dient am besten eine Krallenzange, die einem überdimensionierten Seitenschneider aus dem Werkzeugladen ähnelt.

Hinterhand: Die Bemuskelung der Hinterhand sollte schlank sein, die Knie gut gewinkelt, der Hintermittelfuß kurz.

Auch hier beweist der Standard, daß er einer der komplettesten, vernünftigsten Texte auf diesem Felde ist. „Schlank" heißt hier in der Sprache der Kynologen (von griechisch „kyon", der Hund, Genitiv „kynos" und griechisch „logos", das Wort, die Lehre), daß die Muskulatur weder rund, gewölbt noch mit Fett zwischen den Muskelsträngen ausgestattet ist. Dann zeichnet sie sich unter der straffen Haut und dem kurzen Haar des Rhodesian Ridgeback auch gut ab.

Was heißt „Kniegelenk gut gewinkelt"? Hier muß ein Textteil aus der Erläuterung der Vorderhand wiederholt werden: Winkelungen sind der Trick der Natur, auftreffende Kräfte im Skelett von Menschen und Tieren abzufedern und höchst sinnreiche Vorrichtungen, um die Bewegung so effizient wie möglich, mit geringstem Kraftverbrauch, gestalten zu können. Hier sei an entsprechende Ausführungen bei der Erläuterung der Vorderhand erinnert.

Die andere Funktion der Winkelung ist die des Zusammenfaltenkönnens. Wie an der Zeichnung des trabenden Rhodesian Ridgeback von Robert Cole in der Abbildung auf Seite 51 zu sehen ist, hat der dem Betrachter zugewandte Hinterlauf gerade nach kräftigem Schub dem ganzen Hund den Vorwärtsschub verpaßt und ist fast völlig gestreckt, der andere Hinterlauf wird gerade, mit Hilfe der Gelenke ein wenig zusammengefaltet, möglichst weit nach vorn gesetzt. Wären da keine Gelenke und Winkelungen und der Hinterlauf wäre befestigt und gebaut wie ein Uhrenpendel, würde in der Bewegung die Kruppe stets auf- und abwippen, was für die Fortbewegung eine Kraftverschwendung wäre; auch die Bemuskelung müßte weitaus schwerer sein und mehr Arbeit leisten. Alles unnötiger Kalorienverbrauch. So dumm ist die Natur jedoch nicht. Je besser die Hinterhand insgesamt gewinkelt ist, desto besser paßt sie sich den Bewegungs- und Belastungsanforderungen an, desto weiter ist der Vortritt und Nachschub, desto effizienter bewegt sich der Rhodesian Ridgeback vorwärts. Vorausgesetzt, die Vorderhand kann bewältigen, was die Hinterhand an Vorwärtsdrang erzeugt.

Hier soll auch nicht der Fehler wiederholt werden, die Hinterhandwinkelung in einer Gradzahl wiederzugeben. Viel besser sind Bilder von erfolgreichen Rhodesian Ridgebacks, die in der Hinterhand vorzüglich gewinkelt sind – das Gesehene lernt man oft besser als theoretische Angaben.

Warum die Sprunggelenke tief stehen sollen, ist ein wenig zu kompliziert, um es im Rahmen dieses Buches erschöpfend zu erklären – dann müßte ein Exkurs über die Kräfte folgen, die bei verschiedenen Hebelarmen des Hundeskeletts in der Bewegung aufgewendet werden müssen. Es sollte genügen, auszuführen, daß für Hunde, die zum Körperbautyp „Dauerleister" gehören, festgestellt wurde, daß sie bei kurzem Hintermittelfuß weitaus später ermüden als Hunde mit längerem Hintermittelfuß.

Die Bewegung der Hinterhand folgt wieder dem Grundsatz des minimalen Aufwands: Von hinten gesehen bewegen sich die Hinterläufe möglichst in zwei senkrecht auf dem Boden aufstehenden Ebenen, die pa-

rallel zur Bewegungsrichtung liegen. Nun ist der Hund natürlich keine lebende Geometrie, sondern jeder Hund ist anders und hat von Geburt an seine Eigenheiten. Zu den Neigungen jedes Hundes zählt, auch hier im Interesse der möglichst effizienten Bewegung, die Hinterläufe etwas näher zur gedachten Mittellinie der Bewegung zu setzen: sie konvergieren. Das heißt, daß die Ebenen, in denen sich die Hinterläufe bewegen, im Bereich der Pfoten weiter nach innen geneigt sind als in Höhe der Hüftgelenke. Erfahrene Züchter und Richter wissen das wohl zu bewerten – sie konzentrieren sich ohnehin mehr auf die Vorzüge eines Hundes als auf seine Schwächen.

Für eine funktional richtig gebaute Hinterhand ist die Kruppenlage und -länge freilich von höchster Wichtigkeit. Sie ist quasi die Anhängerkupplung zwischen vorderer und hinterer Hälfte des Rhodesian Ridgeback – und der Antrieb sitzt im Anhänger. Nach Murphys Hauptgrundsatz: „Was schiefgehen kann, geht schief!" haben Hunde, die in der Hinterhand ohnehin schon zuwenig gewinkelt sind, auch noch schlecht bemuskelte Hinterläufe und eine sehr schräg gelagerte Kruppe. Liegt die Kruppe (ein kompliziert gebautes, aber kräftiges, nicht sichtbares Knochenstück, aus dem die Rute hervortritt) zu schräg, wird die Schubkraft aus der Hinterhand nicht optimal in Bewegungsrichtung übertragen. Wie sich das anfühlt und was das ausmacht? Versuchen Sie einmal mit eingezogenem Hintern ganz schnell zu laufen!

Gang/Bewegung: Mit gutem Raumgriff, frei und aktiv.

Entsprechend dem ersten Rhodesian Ridgeback-Rassestandard, der noch heute das Grundmuster für den heutigen Standard bildet und der auf dem des Dalmatiners als ausgeglichenem Laufhund aufbaute, kann man von einem Rhodesian Ridgeback auch heute noch eine freie, mühelos ausgreifende Bewegung erwarten. Am besten illustriert dies eine Zeichnung von Robert Cole, dem hervorragenden Darsteller vieler Rassen – sein Buch über seine eigene afrikanische Rasse, den Basenji, ist Lektüre und Blick über den eigenen Tellerrand für jeden ernsthaften Hundekenner, nach dem allen ein Licht aufgegangen sein sollte.

Aus der Zeichnung ist wunderbar zu sehen, daß der gut gebaute Rhodesian Ridgeback im gestreckten Trab mit den Vorderläufen deutlich vor die Fallinie von der Nasenspitze vorgreift. Der Kopf des Hundes wird, um den Schwerpunkt des Körpers weiter nach vorn zu verlegen, gesenkt und gestreckt. Die Rückenlinie bleibt gerade und eine korrekt gelagerte Kruppe läßt die Oberlinien unmittel

bar vor der Rute nur ganz leicht abfallen. Der Hinterlauf setzt nahezu in Höhe der Fallinie vom Ende des Brustbeins auf, eine vorzüglich gewinkelte Hinterhand bringt enormen Vorwärtsschub, für den sich der Hinterlauf fast vollständig streckt.

Bewegung und ihre anatomischen Voraussetzungen sind leider den meisten Hundebesitzern, unbegreiflicherweise aber auch vielen Züchtern, ein Buch mit sieben Siegeln. Auch von den Zuchtrichtern haben nur wenige die Gabe, Unterschiede bei Hunden im Stand oder bei sich bewegenden Hunden so deutlich zu sehen, daß sie sie in Worte fassen können, geschweige denn analytisch aufarbeiten. Ich bin immer der Ansicht gewesen, daß jemand, der etwas nicht erklären kann, dies auch nicht bewußt verstanden hat.

Wie sich der Rhodesian Ridgeback bewegen muß, wenn er seiner ursprünglichen Bestimmung nach weite Strecken mühelos bewältigen soll, ist ganz einfach: so effizient und wirtschaftlich wie möglich. Dazu gehört, daß kein übermäßig schwerer Kopf, kein übertrieben breit ausgeformter Rippenkorb die Belastung auf die ohnehin nur mit Muskeln, Bändern und Sehnen am Rippenkorb befestigte Vorderhand erhöht. Dazu gehört, daß eine recht kurze Lende mit hervorragender Bemuskelung beider Lendenseiten den nicht von Rippen ausgesteiften Teil des Rump

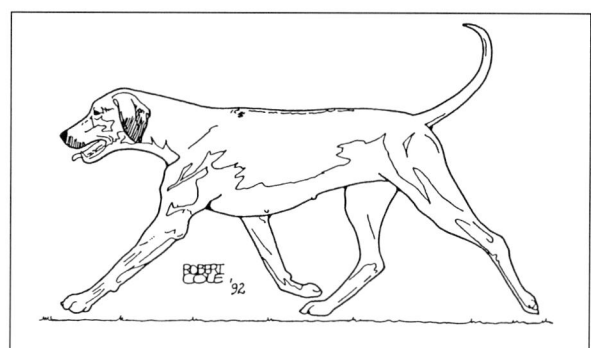

Idealtypische Bewegung des Rhodesian Ridgeback, wie sie der kanadische Hundezeichner Robert Cole darstellt.

fes stabil hält, dazu gehört eine breite Kruppe, die die von der starken Hinterhand erzeugten Schubkräfte mühelos in eine Vorwärtsbewegung umsetzt, und auch eine trockene Kondition mit vielen harten, aber flachen Muskeln wie bei einem Langstreckenläufer. Hier ergibt sich eine gute Analogie bei den menschlichen Sportlern: Nur die Kurzstreckensprinter sind mit runden Muskeln bepackte Figuren wie aus dem Bodybuilding-Studio, die Mittelstreckler sind schon schlanker und die Marathonläufer bei mäßig entwickeltem Rippenkorb eher dürr, aber flach bemuskelt.

Nicht anders ist dies bei den Hunden: Zwar bringt der rundlich bemuskelte Bullterrier eine traumhafte Startzeit, besser als der Greyhound, aber Langstreckler wie die Siberian Huskies sind stets flach bemuskelt, eher dürr von Gestalt, aber gnadenlos ausdauernd. Bewegung kann nur dann effizient, also mit dem geringsten Kraftaufwand, betrieben werden, wenn das ständige Hoch- und Vorwärtswerfen seiner eigenen Körpermasse vom Hund möglichst ohne Abweichung in horizontale Bewegung umgesetzt wird. Daher sind Hunde, die in Vorder- und Hintergliedmaßen gut und flexibel gewinkelt sind und deren Rückenlinie in der Bewegung zu fahren scheint wie ein Schienenfahrzeug, deren Widerrist sich nicht unnötig auf- und abbewegt und deren Körperachse genau in Bewegungsrichtung (Forderung des Standards: „gerade") verharrt, überlegene Dauerleister. Wenn also Rhodesian Ridgeback-Zuchtvereine schon keine Ausflüge in die Grassteppe Südafrikas veranstalten, um dort die Dauerleistungsfähigkeit ihrer Zuchthunde bei der Jagd auf Großwild zu testen, schulden sie doch der Rasse, daß sie wenigstens Ähnliches simulieren. Hierzu wäre ein Mindestpensum von 10 km in mittlerem Trab mit Zwischenkontrollen durch Tierärzte in einer noch zu ermittelnden Höchstzeit schon ein gutes Merkmal für bauart- und konditionsbedingte Fitneß.

Die anderen Forderungen des Standards, „frei" und „rege", hängen zusammen. Der Ridgeback soll eine Rasse sein, die sich gerne bewegt und dies auch bei der Gangwerksprobe erkennen läßt. So verbieten sich von selbst plumpe, molossoide Typen, die sich nun einmal schwerfälliger in Bewegung setzen lassen. „Rege" bezeichnet gewiß auch die Flexibilität des Rumpfes; wenn der Rhodesian Ridgeback sich nicht mehr behende wenden kann, wie es sein Fintieren, seine Scheinangriffe bei der Löwenjagd einst als Überlebensstrategie erforderlich machten, ist ein guter Teil seines funktionsbezogenen Rassetyps verschwunden. Aber auch die windhundhaften, feinknochigen Hundetypen sind hierdurch nicht zu rechtfertigen, denn sie würden jener anderen Standardforderung nicht mehr genügen: „ansehnlich und stattlich", „mit kräftigen Knochen". Wenn auch immer in eine Richtung übertrieben wird: Weniger wäre mehr.

Fell

Haar: Sollte kurz und dicht sein, glatt und glänzend im Aussehen, aber weder wollig noch seidig.

Das Haar des Rhodesian Ridgeback ist ganz offensichtlich ein Erbteil seiner Vorfahren, zu denen mit Sicherheit Tiere der Molosser-Rassen zählten. Ganz ähnlich ist heute noch der Haartyp des Deutschen Boxers.

Das Haar ist im Vergleich zu anderen Rassen kurz und fein. Es besteht zwar eine Lage dichter und feinerer Unterwolle, diese ist aber nur eine Schicht zusätzlicher Abdichtung oder Wärmedämmung, die vornehmlich durch die zwischen diesen Haaren befindliche Luft als schlechtem Wärmeleiter bewirkt wird. Und diese Haarschicht hat nur gerade und feine Haare, keine Kräuselung und eine glatte Oberflächenbeschaffenheit.

Das Deckhaar ist grundsätzlich kurz und fein, und da das einzelne Haar glatt und von einer sinnreichen Einrichtung des Haut- und Haarstoffwechsels mit einer feinen Fettschicht überzogen ist, muß es dann glänzen, wenn der Hund sauber ist. Grundsätzlich genügt daher, den Rhodesian Ridgeback nach einem langen Spaziergang im Regen oder Schnee mit einem sauberen Frotteehandtuch überall trocken zu rubbeln, und er ist perfekt sauber. Vor Ausstellungen genügt, unter der Prämisse, daß der Rhodesian Ridgeback sauber dorthin gebracht wird, ein feuchtes Handtuch zum Abreiben. Den trockenen Hund kann man auch vorzüglich mit einem sauberen und trockenen Fensterleder zum Glänzen bringen. Mehr braucht

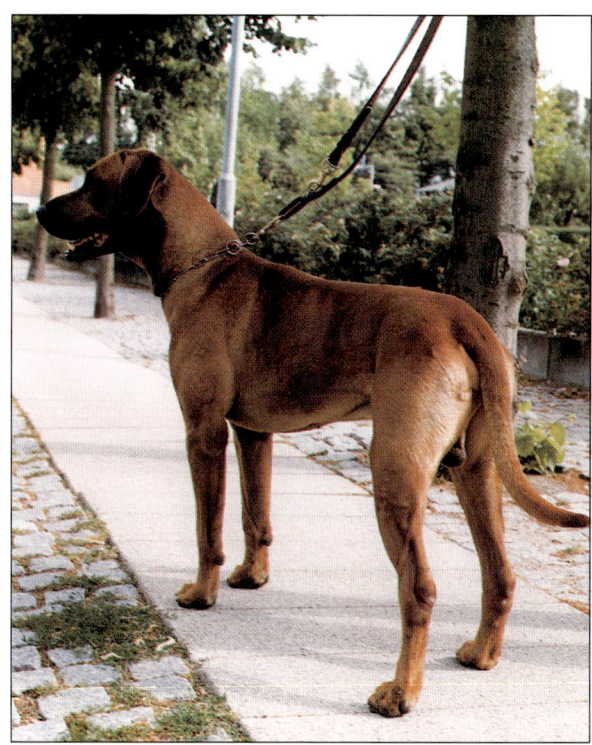

DK und N Ch. Tuasiwas El-Chack H'Lobo, Bester Ridgeback Dänemarks in den Jahren 1994, 1996, 1997, zeigt in wenig förmlicher Pose seine starken Laufknochen und seine hervorragend gewinkelte Hinterhand.

man nicht zu tun. Eine angenehm pflegeleichte Rasse.

Die Länge des einzelnen Haars variiert natürlich je nach Ort, an dem es wächst. So sind die Haare an Hals und in Rückenmitte länger als die an den Läufen. Die Beschaffenheit der Haare, die Härte ebenso wie die Länge verändert sich je nach vorwiegenden Temperaturbedingungen, unter denen der Hund gehalten wird. Die meisten Rhodesian Ridgeback leben dankenswerterweise im Haus, sind daher eher weich als hart im Haar, und das Unterhaar bleibt fein und glatt. Wird der Rhodesian Ridgeback jedoch häufiger draußen sein, so entwickelt sich bald längeres und härteres Deckhaar, und die Unterwolle wird dichter. Ich erinnere mich mit Vergnügen an die Verblüffung eines Richterkollegen, der vor zwei Jahren nach unserem Richten in Taiwan erschüttert war, daß er den von ihm verkauften Deutschen Schäferhund, der immer ein wenig kurz im Haar gewesen war, zum Sieger machte, aber wegen seines nun mustergültigen reichen Stockhaarkleids nicht erkannt hatte. Der chinesische Besitzer machte ihn danach aber darauf aufmerksam und erklärte, er halte den Hund klimatisiert ständig bei 10 Grad Celsius.

Die geforderte Dichte des Haarkleids bezieht sich wieder auf funktionale Anforderungen. Als der Rhodesian Ridgeback noch ausschließlich ein Jagdhund war, der sich durch die messerscharfen Kanten der großen Gräser der südafrikanischen Grassteppe bewegen mußte, war sein Haar das einzige, was ihn vor Verletzungen schützte. So gut wie erfahrene Jagdhunderichter drastische Abwertungen bei kurzhaarigen Jagdhunden machen, die an den Behängen, an den Vorderkanten der Schenkel, in der Leistenbeuge und im Bauchbereich dünn oder gar nicht behaart sind, so gilt derselbe Grundsatz gewiß auch beim Rhodesian Ridgeback. Man kann erwarten, daß das Haar mindestens außerhalb des Hochsommers so dicht ist, daß sich beim Prüfen gegen die Wuchsrichtung die Haut nicht zeigt.

Farbe: Hell weizenfarben bis rot weizenfarben. Ein wenig Weiß an der Brust und den Zehen ist statthaft, ausgedehnte weiße Behaarung hier, am Bauch oder oberhalb der Zehen ist unerwünscht. Ein dunkler Fang und dunkle Behänge sind statthaft. Zu viele schwarze Haare im ganzen Fell sind äußerst unerwünscht.

Farbe ist eindeutig eine Geschmackssache. Menschen sind flexibel und erziehbar. Folglich wird hoffentlich jeder Rhodesian Ridgeback-Besitzer die Farbe seines Hundes für die schönste halten. Insgesamt ist jedoch festzustellen, daß helle Hunde derzeit seltener sind und in der öffentlichen Erwartung eben ein Rhodesian Ridgeback rotbraun ist. Der Begriff „weizenfarben" ist eine möglichst nahe Übersetzung an der Originalsprache, der durchschnittliche Rhodesian Ridgeback-Interessent macht sich jedoch meist wenig Gedanken, welche Farben die vielen tausend Weizensorten auf der Welt haben – er möchte einen braunen Hund.

Der Standard zeigt mit der Erwähnung, daß weiße Flecken bei der Zucht von Hunden eben zuerst als Brustfleck, dann als weiße Zehenspitzen und schließlich als weiße Rutenspitze auftreten, gute Kenntnis von Farbverteilungsmustern bei Hunden. Weiße Fellpartien, wenn sie nicht wirklich von erheblicher Größe sind, dürfen jedoch nicht zu akribisch bewertet werden.

Unter Richtern ist wohl bekannt, daß sich die Kollegen, die am wenigsten vom übrigen Hund verstehen, trefflich an der Bewertung von Fellfarben festhalten. Insgesamt ist jedoch die Quintessenz des Standards: der Rhodesian Ridgeback ist ein einfarbiger Hund.

Nun schwankt, wie zuvor beschrieben, die Farbe des Weizens erheblich. Es ist nicht zu verleugnen, daß die Fellfärbung der Ridgebacks je nach vorherrschenden Zuchtlinien, aber auch nach Geschmack der aktivsten Züchter, Schwankungen unterliegt. Um sich alle Varianten zu erhalten, ist es sicher sinnvoll, auf eine gesunde Mitte zu zielen, einen deutlich rotbraunen Hund. Ebensowenig wie hellbraune Hunde, deren Farbe oft schon in Richtung eines gelben Labrador-Retrievers geht, schlagend rassetypisch wirkt, kann ein tief mahagoniroter Ridgeback als erwünschtes Ziel gelten. Die Distanz zwischen statthaft und erwünscht ist dann doch erheblich.

Zuviel schwarze Haare, im ganzen Fell verteilt, bewirken eine insgesamt rußige Farbstellung, die die Züchter einfarbiger Hunde nur selten begrüßen. Je schwärzer, desto schlechter ist auch die Akzeptanz eines Hundes bei Hundelaien. So wird Ihnen jedes Tierheim bestätigen, daß es äußerst schwer ist, mittelgroße bis große schwarze Hunde neu zu vermitteln. Hier wird der sonst in der Formulierung recht unverbindlich gehaltene Standard sehr deutlich. Woraus zu schließen ist, daß es den Vätern und Müttern des Rassestandards sehr wichtig war, das Vorkommen solcher Behaarung zurückzudrängen. Zuchtrichter tun also gut daran, solche Hunde nicht vorn zu plazieren.

Größe: Die erwünschten Schulterhöhen sind:
Rüden:
63 cm (25"") bis 69 cm (27"")
Hündinnen:
61 cm (24"") bis 66 cm (26"")

Hier sind die Messer, Wieger und Zähler begeistert, man kann etwas objektiv feststellen! Es ist jedoch gleich zu warnen: Das Messen von Hunden ist, da es sich hier um „weiche Objekte" handelt, nicht ohne Probleme.

Von wo wird gemessen? Zu ertasten ist der Punkt, an dem die beiden Schulterblätter bei erhobener Kopfhaltung am nähesten beieinander stehen, der Widerrist. Von diesem ist das Lot auf die vorzugsweise ebene Standfläche zu fällen. Das ist die gemessene Widerristhöhe. Weitere Voraussetzungen sind, daß sich der Kehlkopf des Hundes etwa in Höhe der Rückenlinie befindet, daß die Vorderläufe senkrecht gut unter dem Hund stehen, die Hinterläufe, von hinten gesehen, ebenfalls senkrecht und, seitlich gesehen, die Hintermittelfußknochen auch senkrecht stehen. Nach meinen Erfahrungen bei rund 8.000 gerichteten Hunden erhält man

55

jedoch nur dann ein einigermaßen zuverlässiges Ergebnis, wenn von zwei Richtern abwechselnd mit demselben Meßgerät je drei Messungen vorgenommen werden – der Durchschnittswert aus den sechs Zahlen ist dann annähernd korrekt.

Der Richter im Schauring wird selten messen, meist nur, wenn auffällig große, oder, was beim Rhodesian Ridgeback viel schlimmer ist, auffällig kleine Hunde vorgestellt werden. Richter merken sich oft als Hilfspunkt, wie weit die Größenskala, gemessen an ihrem Hosenbein oder Rocksaum, geht. Ich habe auch schon gesehen, wie Kollegen sich Markierungen am Richtertisch anbrachten oder daß sie vor Beginn der Schau die Höhe der Ringabgrenzung ausmaßen und die Hunde dann daneben stellten.

Schulterhöhe ist bei Hunden ein stark vererbliches Merkmal. Züchter können folglich ziemlich schnell Rassen verkleinern oder vergrößern, haben aber natürlich auf dem Wege zur angestrebten Größe bei den Nachwuchshunden ein buntes Sortiment von Größenabweichungen. Gleichwohl ist es wünschenswert, daß man die Selektion von Zuchttieren, die vordringlich auf Verhaltensgesundheit, dann auf körperliche Gesundheit und Leistungsfähigkeit, erst dann auf Typ und „Schönheit" zielen sollte, nicht zu Beginn mit Dingen belastet, die man vermeiden könnte. Zu den vermeidbaren Hypotheken zähle

ich eben erhebliche Abweichungen der zulässigen Schulterhöhe.

Wenn der Rassestandard ganz am Anfang die Rasse als „ansehnlich und stattlich" beschreibt, geht ein „Bonsai-Ridgeback", wie ich zu kleine Rassevertreter gerne bezeichne, weit am Ziel vorbei. Ein zu großer Rhodesian Ridgeback erschreckt mich freilich nicht gleichermaßen.

Gewicht:

Rüden	36,5 kg (80 lbs)
Hündinnen	32,0 kg (70 lbs)

Dies ist eine Standardvorschrift, die gewiß nur bei Zuchtzulassungsveranstaltungen geprüft werden dürfte. Sie gibt gute Parameter dafür, daß sich die Rasse nicht aus den rassetypischen Limits hinausentwickelt. Allein diese Vorschrift müßte bei sinnvoller Anwendung die molossoiden Typen beim Rhodesian Ridgeback ausschließen.

Fehler: Jede Abweichung von den vorgenannten Punkten sollte als Fehler angesehen werden, dessen Bewertung im genauen Verhältnis zum Grad seiner Abweichung stehen sollte.

Ein berühmter und kryptischer Text im Hundewesen. Die Bewertung wird so ganz dem Bewertenden überlassen. Wäre demnach ein fehlendes Auge (50 % der gesamt vorhandenen

Augen) schlechter zu bewerten als ein fehlendes Bein (25 % von insgesamt vieren)? Richter versteigen sich hier zu abenteuerlichen Argumentationen. Es gibt jedoch weltweit einen „Konsens der Kundigen", daß funktional bedeutsame Abweichungen, die den jeweiligen Hund hinsichtlich seiner ursprünglichen Verwendung oder seiner eigenen Gesundheit beeinträchtigen, mit drastischen Abwertungen belegt werden müssen, insbesondere, wenn die Abweichungen vererbt werden können. Hierzu zählt zum Beispiel das Fehlen von für das Hundegebiß wichtigen Zähnen ebenso wie mickrige Rippenkorbentwicklung – zum einen, weil das Brechscherengebiß der Raubtiere mit dem Fehlen von zum Beispiel der großen Vormahlzähne oder der ersten Mahlzähne wesentliche Funktionseinbußen erleidet. Zum anderen, weil man von einem Auto, das mit einem zu kleinen Motorraum nicht den Einbau eines ausreichend großen Motors erlaubt, keine Leistung erwarten kann.

Anmerkung: Rüden sollten zwei offensichtlich normal entwickelte Hoden aufweisen, die sich vollständig im Skrotum befinden.

Dieser Text ist natürlich auch bei einer kurzhaarigen Rasse widersinnig, denn auch nicht der begnadetste Zuchtrichter kann sehen, daß es sich

um normal entwickelte Hoden handelt, auch wenn er möglicherweise bis zwei zählen kann. „Offensichtlich" reicht offenbar nicht. Er muß hinlangen, das ist auch ein guter Verhaltenstest beim vorgestellten Hund.

Ganz richtig ist aber darauf hingewiesen, daß die Fortpflanzung in der Biologie nun einmal der wichtigste Funktionskreis zur Erhaltung der Art ist. Es gibt also keinen vernünftigen Grund, Tiere gut zu bewerten, die von den Verhältnissen, wie sie die Natur nun einmal als normal und richtig vorsieht, abweichen. Abweichungen wie erhebliche Unterschiede in der Konsistenz oder Größe der Hoden müssen zum Zuchtausschluß des jeweiligen Merkmalsträgers führen und damit zu einer entsprechenden Schaubewertung, vor allem, wenn mit einem Hoden 50 % der äußeren Keimdrüsen im Bauchraum verblieben sind.

Nun werden hier die Hündinnen bevorzugt, weil bei ihnen alles „unter Putz" liegt. Kluge, mindestens aber erfahrene Züchter züchten ohnehin nicht mit Hündinnen, die aus Linien kommen, die irgendwelche Abweichungen vom gesunden, normalen Muster der Fortpflanzung zeigen. Dazu zählen beispielsweise, daß sich die Hündinnen nicht ohne Hilfe belegen lassen, unregelmäßige Läufigkeiten, Wurfakte mit Komplikationen und schließlich auch Würfe mit kleiner Welpenanzahl, die auf mangelnde biologische Fitneß hinweisen. Hinsichtlich der „Zickigkeit" mancher Hündinnen bei Deckakten muß allerdings eingeräumt werden, daß diese oft auf unnatürlich „vermenschlichende" Haltung durch die Besitzer zurückzuführen ist.

Abschließend ein Wort an die Wortklauber: Natürlich steht hier wie an vielen anderen Stellen im Text „sollten" und nicht „müssen". Dies ist eine Folge der Übersetzung aus dem Englischen, das hier den Begriff „should" verwendet. Unterhält man sich jedoch mit Forschern der englischen Sprache, so bestätigen diese stets, daß „should" einen erheblich stärkeren Forderungscharakter hat als das bei uns mitunter unverbindlich verstandene „sollte". Ganz im Gegenteil hat „should" und bei uns auch „soll" einen bestimmenden Charakter – es bleibt so verbindlich wie die Formulierung in den Zehn Geboten: „Du sollst nicht töten!"

Die Bewertung des Rhodesian Ridgeback nach dem Rassestandard

Die Bewertung von Rhodesian Ridgebacks vor dem Hintergrund des Rassestandards sei hier privatim jedem angeraten.

Erfahrene Züchter und Halter haben in den Jahren der Praxis so viel dazugelernt, daß sie meist treffend Einzelheiten von Rhodesian Ridgebacks beurteilen können. Gleichwohl ist bei solchen Personen zu beobachten, daß sie von den Hunden, die sie züchten und halten, geprägt sind und diese oft nach einer Weile unbeschadet ihrer Schwächen und Mängel als Idealbild ansehen. Und dann wird dieser Mangel bei fremden Hunden prompt auch übersehen.

Richter, insbesondere die, die sich auf Rhodesian Ridgebacks spezialisiert haben und auch noch viel Übung in der Beurteilung von Hunden haben, die die vergleichende Beobachtung erlernt haben und geprüftermaßen praktizieren, sehen die einzelnen Hunde distanzierter und damit kritischer an. Sie haben, zumindest hierzulande, ja selbst erfolgreich gezüchtet und diese Hunde erfolgreich auf Schauen ausgestellt. Ihnen ist der Rassestandard nicht nur bekannt, sie lesen ihn immer wieder, besonders vor Richtertätigkeiten, und diskutieren ihn mit Züchtern, Haltern und Richterkollegen. Ihnen kommt die wertvolle Aufgabe zu, die Rasse mit ihren tradierten äußeren und inneren Vorzügen auch in der Zukunft nach Kräften so zu erhalten, wie unsere Vorväter sie uns zu treuen Händen übergeben haben. Sie müssen die Gabe haben, Übertriebenes zu brandmarken und damit zurückzudrängen, gesundes Mittelmaß als Leitlinie beizubehalten und diejenigen Tiere als leuchtende Vorbilder

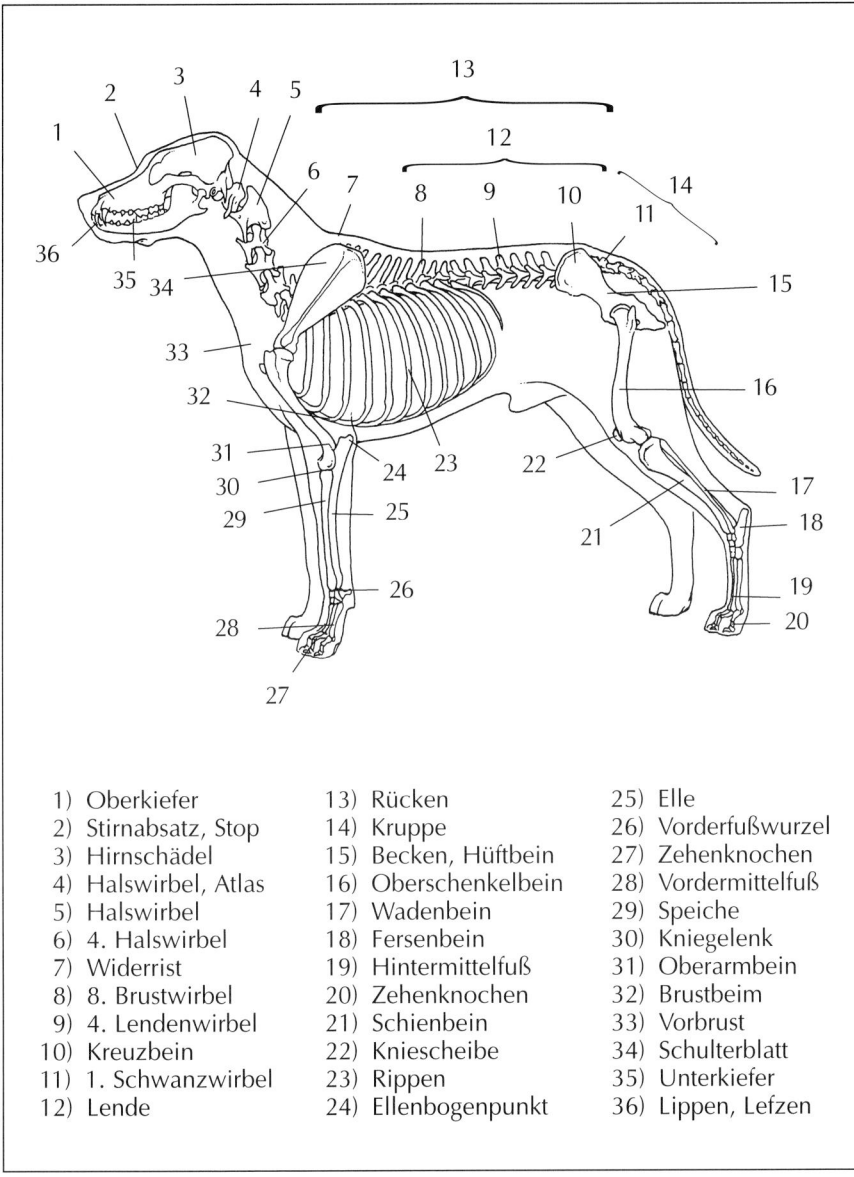

1) Oberkiefer	13) Rücken	25) Elle
2) Stirnabsatz, Stop	14) Kruppe	26) Vorderfußwurzel
3) Hirnschädel	15) Becken, Hüftbein	27) Zehenknochen
4) Halswirbel, Atlas	16) Oberschenkelbein	28) Vordermittelfuß
5) Halswirbel	17) Wadenbein	29) Speiche
6) 4. Halswirbel	18) Fersenbein	30) Kniegelenk
7) Widerrist	19) Hintermittelfuß	31) Oberarmbein
8) 8. Brustwirbel	20) Zehenknochen	32) Brustbeim
9) 4. Lendenwirbel	21) Schienbein	33) Vorbrust
10) Kreuzbein	22) Kniescheibe	34) Schulterblatt
11) 1. Schwanzwirbel	23) Rippen	35) Unterkiefer
12) Lende	24) Ellenbogenpunkt	36) Lippen, Lefzen

Das Skelett des Rhodesian Ridgeback und die Benennung der Körperteile.

der Rasse herauszustellen, die deren Wesen und Erscheinung in hervorragender Weise in sich versammeln.

Die guten Zuchtrichter verfügen nicht nur über ein „gottgegebenes" Talent, Dinge nur über das Sehen aufzunehmen, sondern sie besitzen auch die Gabe, mehr und mehr über die eigene Rasse zu lernen und Wertigkeiten immer wieder kritisch zu überprüfen. Die Bewertung des Rhodesian Ridgeback darf nur dem Rassestandard folgen.

Dessen Kenntnis allein reicht aber nicht aus. Ohne Kenntnis des Originalwortlauts und der Bedeutung der kynologischen Fachausdrücke, die der Originalstandard verwendet, wird der Richter die Bedeutung der Formulierung auch bei begnadeter Übersetzung nicht erfassen. Aber nur nach dem Standard soll und darf der Zuchtrichter richten. Dies ist auch die Verantwortung nur der Rasse gegenüber, ohne Ansehen der Person, die mit dem jeweiligen Hund zusammen auftritt. Wer hier nicht abstrahieren kann, bleibt lebenslang ein „armseliger" Richter und wird nie den Respekt der Aussteller genießen.

Zu einem guten Ridgeback-Richter gehört also noch das stets präsente Bewußtsein, aus welchen Gründen der Rassestandard die jeweilige Forderung erhebt und welche funktionale Bedeutung Abweichungen haben können. Dazu gehört auch viel Praxis und möglichst auch die detaillierte

Kenntnis anderer Hunderassen, denn die Bedeutung mancher Erwartung des Standards erhellt sich nur im Vergleich der Rassen. Mit gutem Recht erlernen ernsthafte Richter neben ihrer speziellen Rasse oft auch noch das Richten anderer Rassen, die nach Erscheinung und Verwendungszweck verwandt sind. Nach meinen Erfahrungen kommt erst nach 20 Jahren intensiver Beschäftigung mit der Zuchtrichtertätigkeit eine ausreichende Routine und wohlbegründete intuitive Einordnung zu bewertender Hunde zustande.

Woher der Rhodesian Ridgeback kam

Je mehr man sich mit dem Rhodesian Ridgeback beschäftigt, desto größer wird auch das Interesse zu erfahren, woher er stammt. Die Auskunft, es handle sich um einen südafrikanischen Löwenhund, reicht einem irgendwann nicht mehr aus.

Afrika ist der drittgrößte Erdteil auf unserer Erde mit 30,2 Millionen Quadratkilometern Fläche. Von Norden nach Süden sind es rund 8.000 km. An der Südspitze des Erdteils gehören rund 1.221.000 km^2 zur Republik Südafrika. Das Land ist im Inneren eine ziemlich gleichmäßig muldenförmige Hochebene, die meist mit Grassteppe (Veld) bewachsen ist, die Randberge der Hochebene sind etwa 1.800 m hoch. Zwischen diesen

Bergen und der Küste im Westen, Süden und Osten finden sich höchst unterschiedliche Landschaften, von den Wüsten der Oranje-Mündung im Westen bis zu den Wäldern der Ostküste. Bei gemäßigtem Klima fanden die Europäer, die schon 1814 die britische Kap-Provinz errichteten, aber auch die holländischstämmigen Siedler, die den im Burenkrieg eroberten Oranje-Freistaat bewohnten, ebenso wie im britischen Natal eine reiche Tierwelt vor.

Früher war „Südafrika" viel größer als die heutige Republik, man rechnete Rhodesien selbstverständlich dazu. Cecil Rhodes, ein in Großbritannien als Pfarrerssohn geborener Wirtschaftsführer, wurde bei der Ausbeutung der südafrikanischen Diamantenfelder ein reicher Mann. Die von ihm gegründete Britisch-Südafrikanische Gesellschaft erwarb 1889/90 die weiten Gebiete des Maschona- und Matabelelandes nordöstlich der heutigen Republik Südafrika. Die Gesellschaft erweiterte dieses Land 1891 um weitere Gebiete im Nordosten und benannte die Gebiete 1895 nach Rhodes „Rhodesia". Dazu kamen dann 1898 das Barotseland nördlich des Sambesi-Flusses. Nun war das Land rund 1,14 Millionen km² groß und damit größer als die heutige Republik Südafrika. Aber die Zeiten nahmen ihren Lauf, und Rhodesien wurde geteilt. Nordrhodesien erlangte, mit 752.000 km² Fläche

als Sambia 1964 die Unabhängigkeit, Südrhodesien wurde schließlich mit 389.000 km² Staatsgebiet der Staat Simbabwe. Sambia ist ein Land mit weiter Baumgrassteppe im Stromgebiet des oberen Sambesi und seiner Nebenflüsse, Simbabwe ist ein Hochland von etwa 1.200 bis 1.600 m Höhe mit gemäßigt subtropischem Klima, es wird im Osten durch eine Gebirgsmauer von bis 2.500 m Höhe begrenzt.

Die Entwicklung der Rasse

Glücklicherweise ist der Rhodesian Ridgeback eine so junge Rasse, daß ihre Entstehung sich gut belegen läßt. Beste Quelle ist die Veröffentlichung einer Arbeit einer Rhodesierin, Miß M. Wellings aus Bulawayo, in der Zeitschrift des Südafrikanischen Dachverbands im Juni 1965. Sie war lange Jahre mit dem Leo Kop-Zwinger in Rhodesien verbunden und führte nach dem Tode ihrer Mutter ihr großes Gut ganz alleine, nur bewacht von ihren Rhodesian Ridgebacks. Sie starb 1965.

In diesen riesigen Gebieten von insgesamt weit über 2 Millionen Quadratkilometern, hier sprechen wir von der Fläche des alten Rhodesien und des heutigen Südafrika, brauchten Farmer zuverlässige Schutzhunde und Jäger mutige Jagdhunde, Gutsbesitzer eindrucksvolle, imposante Begleiter auf ihren Besitzungen und ihre Familien eben einfach Hunde als Familienmitglieder. Was tun? Gewiß, man konnte Hunde aus Europa importieren – aber würden diese den Witterungsbedingungen Afrikas und den dort vorhandenen spezifischen Parasiten und Krankheiten, dem Raubwild und den Gefahren dieses Kontinents gewachsen sein? Die Engländer hatten schon an anderer Stelle ihres Kolonialreiches die Erfahrung gemacht, daß sich den Lebensbedingungen auf dem indischen Subkontinent nur der Bullterrier als einzige europäische Rasse gewachsen erwies. Im Süden Afrikas aber herrschten andere Bedingungen.

Nun wird bei Menschen das Muster des Handelns entweder von spontaner Einschätzung oder von erlernten Erfahrungen oder, wenn beides nicht vorhanden ist, von Neigungen bestimmt, und die sind oft danach getönt, was kulturell eben so üblich ist, heute modern „Trend" genannt. Das gilt auch für die Haltung oder die Zucht von Hunden. Folglich müssen wir fragen: Was waren das für Leute, die Südafrika und Rhodesien besiedelten? Wer war prägend für das Land, als der Rhodesian Ridgeback entstand? Zuerst einmal natürlich Afrikaner, die aber im 19. Jahrhundert, von dem wir hier sprechen, dem damals üblichen Kolonialsystem unterworfen waren, gleichwohl aber ihre eigene kulturelle Tradition hatten und behielten. Das

Sagen jedoch hatten die Kolonialisten, die entweder aus den Niederlanden oder von den Britischen Inseln gekommen waren.

Niederländer waren aus dem zu eng gewordenen Heimatland schon im 17. und 18. Jahrhundert in das Kapland eingewandert, dazu kamen Niederdeutsche und Hugenotten, sie alle bezeichneten sich mit dem niederländischen Wort für Bauer als „Buren". Ihr Land stand jedoch seit 1806 unter britischer Herrschaft und da Niederländer stets freiheitsliebende Menschen waren, zogen sie, unzufrieden, in den Jahren 1835–1838 im „Großen Treck" in das nördliche Hinterland, wo sie die Staaten Natal, Oranje-Freistaat und Transvaal gründeten.

Das paßte den Engländern natürlich nicht, und sie unterwarfen die Buren im Burenkrieg 1899–1902 endlich mit großer militärischer Übermacht. Noch 1970 bildeten die Buren mit 58 % die größte homogene nichtafrikanische Bevölkerungsgruppe, sie halten an ihren Sitten und an ihrer Sprache, dem Afrikaans, fest. Von der Konfession her sind sie meist reformiert (protestantisch). Im 19. Jahrhundert schließlich hatten die Engländer und Buren notgedrungen erlernt, mit gegenseitiger Toleranz zu leben.

Engländer sind ja nun seit Jahrhunderten höchst talentierte Tierzüchter gewesen. Daneben waren sie

Landwirte und Jäger, eben alles, was man so braucht, um sich vom Land, auf dem man lebt, ernähren zu können. Und noch lange vor der eigentlichen Formung vieler Hunderassen, die ja meist erst in der zweiten Hälfte des 19. Jahrhunderts „definiert" wurden, hatten die Engländer seit rund zweihundert Jahren auf der Basis des in Europa vorhandenen genetischen Potentials aller Hundeformen schon Rassen geschaffen, die vordringlich für bestimmte Nutzungen perfektioniert waren. So gibt es schon vor 1850 auf den Britischen Inseln genau beschriebene und zielsicher weitergeführte Rassen für das Hüten, für die Jagd und für andere seinerzeit übliche Verwendungsformen des Hundes.

Niederländer waren und sind als seefahrendes Volk, zwischen anderen europäischen Kulturvölkern angesiedelt, stets international orientiert. Sie kannten alle britischen Hunderassen. Als ebenfalls talentierte Tierzüchter haben sie lange an den Hunderassen der Nachbarländern teilgehabt, bis sie endlich eigene Rassen definierten.

So war ein gutes Fundament tierzüchterischer Kenntnisse und Talente zur Entwicklung einer zweckmäßigen Hunderasse der großen südafrikanischen und rhodesischen Gegenden vorhanden. Es gab auch Hunde als afrikanisches Kulturgut. Gewiß waren das zwei Gruppen: einerseits die Nachfahren der von den Hugenotten und Niederländern vor Jahrzehnten und Jahrhunderten mitgebrachten europäischen Hunde, andererseits die bodenständigen Hundeformen, die afrikanischen Hunde. Sie wurden zu Vorfahren des Rhodesian Ridgeback.

Am besten werden die Hunde, die am wahrscheinlichsten zu Ahnen des Rhodesian Ridgeback wurden, beschrieben als „Hottentotten-Hunde", für die sich 1480 eine portugiesische Quelle findet. Sie beschreibt sie als „häßliches Geschöpf mit der Gestalt eines Schakals, und das Haar auf ihrem Rückgrat ist vorwärts gerichtet. Dennoch sind sie treue und arbeitsame Tiere." (Die Sache mit dem Rückenkamm soll an dieser Stelle nur insoweit diskutiert werden, daß es ein solches Phänomen auch bei anderen, wenn auch wenigen Hunderassen gibt, so beim Thailändischen Ridgeback und dem Phu Quoc-Hund von der gleichnamigen Insel im Golf von Thailand, etwa 200 km südwestlich des kambodschanischen Pnomh Pen.) Die Hottentotten, ein afrikanisches Volk, das ursprünglich in Nord- oder Zentralafrika lebte, aber vom Volk der Bantu nach Süden vertrieben wurde – wo sie ihrerseits das Volk der Buschmänner vertrieben und ausrotteten – waren bekanntlich gute Viehzüchter mit gewaltigen Rinderrassen, Fettschwanzschafen mit ausgezeichneter Fleisch- und Wolleistung und mit Hunden. Diese waren aber beileibe nicht einheitlich so groß wie ein Deutscher

Schäferhund und hatten die oben beschriebene Besonderheit des gegenläufigen Haarwuchses im Rückenfell über der Wirbelsäule. Ein sehr gutes Bild eines solchen Hundes findet sich in Räbers „Enzyklopädie der Rassehunde". Mit Sicherheit kann angenommen werden, daß dieses Detail den „Schöpfern" der Rasse Rhodesian Ridgeback herzlich unwichtig war, für sie zählte das, was die Hunde leisten sollten, leisten konnten und leisteten. Möglicherweise blieben ihnen gleichwohl die Hunde, die besonders gut arbeiteten und auch noch einen Rückenkamm hatten, besser im Gedächtnis als die anderen Leistungstiere. So entwickelt sich gerne in Hundezüchterkreisen ein später nur schwer ausrottbares Vorurteil.

Die Standortverantwortlichen der Holländischen Ostindischen Gesellschaft, die schon 1652 einen Stützpunkt am Kap eröffneten, jagten in ihrer Freizeit, und so kannten sie Aussehen und Leistungen der Hottentotten-Hunde, die in der Umgebung zu Hause waren und dort mit den Menschen arbeiteten und jagten. Weshalb also nicht diese Hunde selbst als Arbeitshunde oder Jagdhunde nutzen? So waren um 1836, als der große Treck der Buren nach Norden begann, die Hunde mit dem Rückenkamm fest etabliert. Sie waren Mehrzweckwaffen der Buren, man konnte mit ihnen jagen, aber genauso waren sie unermüdliche Viehtreibhunde und Herdenschutzhunde. Sie verteidigten unerschrocken und entschlossen, ohne besondere Anleitung, die Besitztümer ihrer Eigner als ihr eigenes Revier. Sie jagten zäh, mutig und furchtlos alles, was die Jäger stellen konnten.

Niemand hatte in jenen Jahren den Einfall, aus diesen Hunden eine „Rasse" zu machen, ihre Anlagen und ihrer Arbeit allein waren wichtig. Folglich wurden diese Hunde mit allen anderen gekreuzt, die ähnliche Anlagen zeigten. Dabei spielten Größe und Aussehen keine Rolle. Wie berichtet wird, blieb der Rückenkamm bei den meisten Nachkommen erhalten, und so verstärkte sich der traditionell jägerische Aberglaube, Fähigkeiten und Rückenkamm träten stets zusammen auf. Für Abkommen dieser Hunde hatte man seinerzeit keine Namen, sondern nannte sie je nach Laune oder nach eigener Kenntnis Hottentotten-Jagdhunde, Löwenhunde, Ridgebacks, Burenhunde oder, in Afrikaans, Pronkrug (Kammrücken) oder Steekbard.

In Südafrika war nach zweihundert Jahren der Bejagung durch die Kolonialherren die Jagd seltener geworden, in Rhodesien hingegen war in der zweiten Hälfte des 19. Jahrhunderts die Großwildjagd, natürlich auch auf Löwen, nun zur bevorzugten Freizeittätigkeit der herrschenden Klasse geworden. Es ist gesicherte

Tatsache, daß im Jahr 1874 der Geistliche Charles Helm aus Plumtree in Südwestrhodesien, heute etwa 100 Kilometer westlich von Bulawayo Grenzstadt zu Botswana, zwei Hunde aus dem Swellendam-District, der nicht weit vom Kap der guten Hoffnung entfernt ist, nach Rhodesien brachte, die ihrerseits zu den Stammtieren des Rhodesian Ridgeback wurden. Diese Hunde waren, wie man seinerzeit sagte, Hottentotten-Hunde und hatten einen Rückenkamm, in dem die Haare vorwärts gerichtet wuchsen. Helms, einer jener vielen jagd- und hundeversessenen Geistlichen, denen die Hundewelt so viel verdankt, hatte diese Hunde gewiß nicht wegen ihres Aussehens über diese weite Entfernung hergebracht, sondern ihrer einzigartigen Fähigkeiten und Anlagen wegen.

In Rhodesien gab es inzwischen berufsmäßige Großwildjäger, und einer von ihnen war Cornelius van Rooyen, der für seine Jagdveranstaltungen stets eine Meute von Jagdhunden führte. Ein hervorragendes Porträt all der mannigfachen Facetten, die diese Sagengestalt der Rasse Rhodesian Ridgeback hatte, findet sich in dem im Literaturverzeichnis erwähnten Buch des Kanadiers David Helgesen. Nachdem van Rooyen die vorzügliche Kondition und Zähigkeit der von Reverend Helms importierten Hottentotten-Hunde bei der Jagd erkannt hatte, kreuzte er sie in seine Meute ein, die seinerzeit selbst schon das Blut vieler europäischer Hunderassen führte. Natürlich beließ van Rooyen nur die leistungsfähigsten Nachkommen aus diesen Einkreuzungen und verbesserte den Typ, immer ausschließlich leistungsorientiert, weiter, so daß die neue „Rasse" und ihre Leistungen schließlich als „van Rooyen-Hunde" allenthalben bekannt wurde. Seinerzeit störte es keinen, daß die Hunde einmal so groß wie ein Labrador Retriever, einmal wie eine Deutsche Dogge waren, einige gar keinen, andere einen deutlichen Rückenkamm hatten – am wichtigsten war, daß die Hunde leistungsfähig, beweglich und furchtlos jagten, daß sie Löwen stellten und sie mit Laut und ständigen Scheinattacken am Platz hielten, bis die Jäger zu Schuß gekommen waren. Aus heutiger Sicht kann man von der „Zucht einer Rasse" bei van Rooyen und seinen Zeitgenossen freilich nicht sprechen; die Jäger dieser Zeit „verbrauchten" bei ihren Unternehmungen viele Hunde und züchteten dafür entsprechend viele neuen Hunde nach, denn seinerzeit überlebten ja auch beileibe nicht alle Welpen. Viele Hunde wurden erst gar nicht erwachsen. Phyllis Poduschka-Aigner und ihr leider zu früh verstorbener Mann, der österreichische Biologe Prof. Dr. Walter Poduschka, haben recherchiert, daß van Rooyen pro Jahr etwa 70 Hunde „verschliß" und daß offenbar diejenigen Hunde am längsten überlebten, die den höchsten Anteil an Blut einheimischer Hundepopulationen hatten. So hatte van Rooyen auch gewiß viele Hunde, die heute eher an einen Basenji erinnern würden als an einen Rhodesian Ridgeback.

Nun waren die Hunde in mehr oder weniger gleichförmigem Erscheinungsbild geformt und sie wurden zweifellos, schon alleine aus dem Grund, daß man sie immer noch mit diesen Fähigkeiten brauchte, in Rhodesien und in Südafrika weiter gezüchtet. In Europa hatte um die Wende zum 20. Jahrhundert die Erkenntnis eingesetzt, daß Hunderassen ein Resultat oft jahrzehntelanger Auslesearbeit begnadeter Tierzüchter sind und daß man dieses Kulturgut als nationales Besitztum unverfälscht erhalten sollte.

Das war mit dem Deutschen Schäferhund in Deutschland nicht anders als mit dem Pointer oder der Englischen Bulldogge in Großbritannien, mit den irischen Rassen auf der grünen Insel oder mit alten Jagdhunderassen in Frankreich. So wurde diese Grundhaltung zum Rassehund als Facette des Zeitgeistes natürlich, wenn auch ein wenig später, in die Kolonien der anderen Erdteile getragen. Dort fand sich dann auch jemand, der die Anerkennung des Rhodesian Ridgeback als Rasse betrieb: Francis Barnes.

Francis Richard Barnes, Foto vom 14. 08. 1907, Gründer des ersten Rhodesian Ridgeback Clubs im Mutterland der Rasse und Mitersteller des ersten Rassestandards.

Francis Richard Barnes war 1898 bis 1900 Geschäftsführer des Salisbury (heute Harare, Hauptstadt von Simbabwe) Kennel Club gewesen, und erst 1910 war er in die Gegend von Bulawayo gezogen, erwarb 1915 mit dem Rüden „Dingo" von einem Mr. Stacey einen direkten Abkömmling von van Rooyens Hunden, bald danach zwei weitere Hunde, beide ebenfalls auf diese Linien zurückgehend. Mit diesen Hunden begründete er die „Eskdale"-Zuchtlinie und berief 1922 eine erste Versammlung von Besitzern und Züchtern solcher Hunde ein. Es kamen fast 30 Leute, die den „Lion Dog"-Club gründeten, der später zum Rhodesian Ridgeback-

Club wurde. Und infolge seiner Public-Relations-Arbeit stellten Mitglieder des Clubs ihre Hunde auch im gleichen Jahr bei der Bulawayo Kennel Club Show öffentlich vor.

Form follows function – der Weg zum ersten Rassestandard

Die nächste Arbeit war die der Erstellung eines Rassestandards, eines Dokuments also, das die wesentlichen und idealen Eigenschaften der Rasse beschreibt.

Man braucht das Rad ja nicht neu zu erfinden, dachten sich die drei Herren Barnes, Durham und Edmonds und suchten nach einem schon vorhandenen Rassestandard, der einen Hund beschrieb, der möglichst die Leistungseigenschaften und die Gestalt des Rhodesian Ridgeback haben sollte. Man fand den Rassestandard des Dalmatiners.

Der Dalmatiner war seinerzeit nicht wie heute vordergründig auf ein Fellmuster gezüchtet, sondern auf körperliche Leistungsfähigkeit und gesellschaftliche Verträglichkeit mit Tieren und Menschen – er war der Kutschenhund der Wohlhabenden. Der Dalmatiner, nach Herkunft und Körperbau eher den Bracken, den lautjagenden Laufhunden zugehörig, war Begleithund, der Reiter begleitete oder unter hochrädrigen Kutschen

zwischen Vorder- und Hinterachse mitlief. Also ein Hund, der mühelos weite Entfernungen zurücklegte, ohne zu ermüden, und hinsichtlich seines Körperbaus in keiner Hinsicht übertrieben war.

Die Herren hatten klug gewählt. Der Rassestandard des Rhodesian Ridgeback beschreibt von Anfang an einen Hund, der in keiner Hinsicht übertrieben ist, und dessen Anforderungen, bis zum Rückenkamm, dem „ridge". Neben wenigen Forderungen zur Anmutung und zum Ausdruck ist er ausschließlich von funktionalen Anforderungen geprägt. Dieser Ur-Rassestandard, der in diesem Buch aus Platzgründen weder zitiert noch kommentiert werden soll, wurde 1924 von der Kennel Union of South Africa (KUSA) genehmigt und anerkannt. Insofern ist Francis Richard Barnes" Bedeutung für die Rasse Rhodesian Ridgeback festgeschrieben, er starb mit 87 Jahren am 15. 4. 1962.

Im Werk von Hawley (siehe Literaturverzeichnis) ist der erste Rassestandard sowohl im Wortlaut wiedergegeben als auch ausführlich kommentiert – wer Englisch flüssig liest und auch den spezifischen Wortschatz der Hundewelt gut versteht, wird diese Erläuterung mit großem Nutzen studieren.

Dieser Standard muß so etwas wie eine Initialzündung für das Wachsen der Rasse in Afrika gewesen sein,

Die Hündin Mapandora of Avondale mit ihrem Züchter, T. Kedie-Law in Rhodesien, Foto etwa 1920.

oder er geschah zeitgleich mit einer Erhöhung der züchterischen Aktivitäten. Denn am 18. 04. 1924 wurden die ersten beiden Rhodesian Ridgebacks in das Zuchtbuch Südafrikas eingetragen: Grootdam Given und Grootdam Leo.

Jenseits von Afrika

Nun war der Rhodesian Ridgeback endlich definiert, ein wenig später als die meisten Hunderassen, die sämtlich um die Wende zum 20. Jahrhundert erkannt, beschrieben und fortan nach diesen Vorgaben weitergezüchtet wurden. Bis dahin waren alle Rassen mehr oder weniger nach den Erfordernissen ihrer Verwendung vermehrt worden oder gar nach den Vorlieben jeweils einflußreicher Halter und Züchter oder Haltergruppen dieser Rassen. Und ein Vorzug des Rhodesian Ridgeback als recht junge Rasse ist, daß Geschichtsverliebte, die eine gute Bibliothek haben und dies wichtig finden, fast jeden heute lebenden Ridgeback bis in das Ursprungsland zurückverfolgen könnten. Seit Formulierung und Anerkennung des Rassestandards ist die Ridgeback-Welt gut dokumentiert.

Afrika war, was die ursprünglichen Herkunftsgebiete des Rhodesian Ridgeback anbelangt, eindeutig Einflußbereich des britischen Weltreichs. Und die Vertreter des hunde- und pferdeversessenen Britanniens nahmen natürlich ihre Hunde mit in die Kolonien, in denen sie Dienst taten. Fanden die Engländer gar am Dienstort neue, ihnen noch unbekannte, möglichst exotische Hunderassen vor, so adoptierten sie diese gerne und nahmen sie zum Dienstende oft mit zurück in die Heimat. Dies geschah mit vielen Rassen, die heute selbstverständliche Erscheinungen sind: die vier tibetischen Hunderassen, der Japan Chin und der Pekingese, aber auch manche nordischen und asiatischen Rassen.

Die einzige andere afrikanische Rasse, der Basenji, heute auch eindeutig mit weniger Blutbeimischung europäischer Rassen als der Ridgeback und damit noch immer ein Hund vom Urtyp, kam mit den Engländern von Afrika nach Großbritannien und startete von dort aus seinen behutsamen Eroberungszug in alle Welt. So auch unser Rhodesian Ridgeback. Mrs. Strickland, die in Rhodesien den Beitrag über die Rasse in Hutchinsons Sammelwerk schrieb, das 1934/35 erschien, erwähnt, daß sie schon 1933 Rhodesian Ridgebacks nach Kanada und Indien exportierte. Engländer hatten diese Rasse ja bereits auf Hundeschauen gesehen, die in Rhodesien und Südafrika veranstaltet wurden und wo sie als Richter fungierten. So ist der Richterbericht eines britischen Richters über die 1929 in Kimberly gezeigte Ch. Virginia of Avondale mit einem Bild von ihr in Hutchinsons Enzyklopädie abgedruckt. Virginia gehörte einem der Züchter der ersten Stunde, Mr. T. Kedie-Law, der noch auf Blutlinien zurückgreifen konnte, die auf van Rooyens Hunde zurückgingen.

Es wird in der britischen Hundeliteratur gerne behauptet, daß die ersten zwei Rhodesian Ridgebacks 1928 als Importe der leidenschaftlichen Großwildjägerin in Ostafrika, Mrs. Foljamb, nach England kamen und dort eingetragen wurden. Genauere Untersuchungen von Nicholson und Parker haben jedoch ergeben, daß die ersten Rhodesian Ridgebacks bereits 1914 nach Großbritannien kamen. Ein Bild von „Cuff", dem in diesem Jahr importierten Rüden, findet sich in Nicholson und Parkers Buch – ein auch für die heutigen Verhältnisse äußerst typischer Rhodesian Ridgeback.

1927 kam der nächste Import auf die Britischen Inseln. Am 5. Oktober 1932 stellte Mrs. John Player im Kristallpalast in London bereits ein Paar von „Rhodesian Lion Dogs" vor, nämlich „Lobengula" und „Juno". Kopfporträts dieser beiden Hunde sind bei Hutchinson abgebildet und, siehe da, Lobengula hatte eine braune Nase.

Fast gleichzeitig wie Mrs. Foljamb, also 1928, importierte übrigens ein Mr. Gilkey Rhodesian Ridgebacks von Mrs. Strickland aus Rhodesien in die USA, er war jedoch mehr ein Sammler lebender Tiere und Kuriositäten als ein Züchter oder Jäger. Es darf bezweifelt werden, daß aus diesen importierten Hunden eine Nachzucht entstand, die dort irgendeine Rolle spielte.

Von Gilkeys Sammlungsexemplaren weiß allerdings der American Kennel Club (AKC), der Dachverband der USA, nichts. Er schreibt in seinem Jubiläumsbuch 1983, daß 1950 die ersten Ridgebacks importiert, die ersten Eintragungen in die Zuchtbücher des AKC fünf Jahre später erfolgt seien. Der erste dort eingetragene Ridgeback war die Hündin Tschaika of Redhouse mit der Nummer H-520551. Wie in den USA üblich, hat der AKC im Laufe der Jahre auch einen eigenen Rassestandard erstellt, der in der letzten Fassung von 1955 vorliegt. In der weltweit größten Dachorganisation von Hundevereinen, der Féderation Cynologique Internationale (F.C.I.), der eigentlich mit dem Ursprungsland Südafrika die kynologischen Organisationen aller Länder außer USA, Großbritannien und Kanada angehören, gilt jedoch nach wie vor der in diesem Buch beschriebene Rassestandard. Der Rhodesian Ridgeback kam mit den Deutschen nach Deutschland. Klingt komisch, ist aber so gewesen. Frau Rosy Brook-Risse verbrachte die Jahre 1949 bis 1954 ihres international geprägten

Ein früher, aber mächtiger und typischer Export Rhodesiens nach Großbritannien: Viking Leo of Avondale, Foto 1933.

Lebens in Afrika, wo sie 1949 auf den Ridgeback als Rasse stieß. Sie züchtete dort schon 1950 mit einer bald erworbenen Hündin und brachte bei ihrem Umzug nach Deutschland 1954 ein erstes Rhodesian Ridgeback-Paar, den Rüden „Rhodus of Leo Kop" und die Hündin „Susie" aus der bekannten Zucht von Mrs. Wellings in Bulawayo, mit.

Rhodus wurde zu Hause nach einem berühmten Zulu-König „Chaka" benannt. Frau Brook-Risse stellte beide auf der Internationalen Bundessieger-Rassehundezuchtschau am 23. 10. 1955 in Düsseldorf aus, und auf der ein Jahr später stattfindenden Weltsiegerausstellung in Dortmund waren die beiden Rhodesian Ridgebacks umschwärmte „Neuheiten". Nicht alles ging nach Plan, so daß Frau Brook-Risse ihre Zucht – die im übrigen nun seit über 45 Jahren existiert – erst 1967 fortsetzen konnte: die Anfänge der Rhodesian Ridgeback-Zucht in Deutschland.

71

Scott Langleys Darstellung von Rhodesian Ridgebacks nur zehn Jahre nach der Festlegung des Rassestandards in Hutchinsons Hunde-Enzyklopädie von 1934/35.

Einen Rassehundezuchtverein für Rhodesian Ridgebacks gab es damals nicht, der etablierte sich erst später. Heute haben sich in der Bundesrepublik, eher aus Gründen mangelnder Verträglichkeit der Menschen, drei Zuchtvereine für die Rasse in Deutschland etabliert, einer ist schon wieder verschwunden, ein weiterer ist in Planung. Die Züchter aller Rhodesian Ridgeback-Vereine haben im Jahr 1996 insgesamt 417 Rhodesian Ridgeback-Welpen gezüchtet; ein Aufschwung, den die Rasse gewiß verdient hat.

In der Schweiz fiel der erste Rhodesian Ridgeback-Wurf 1957, im Jahr 1993 wurden dort 25 Welpen und sieben Importhunde in das Schweizerische Hundestammbuch eingetragen; in Österreich wurden 1996 insgesamt 30 Rhodesian Ridgebacks gezüchtet und in das Österreichische Hunde-stammbuch eingetragen.

Daß inzwischen die Ridgebacks auch in der Neuen Welt Land gewonnen haben, wird aus neuen Eintragungszahlen in den USA deutlich: Allein im Juli 1997 wurden 215 Welpen aus 63 Würfen eingetragen! Freilich halten die Insider der Rasse, wie Greg Eva schon im Geleitwort zu diesem Buch schreibt, engen Kontakt, und der geht von Südafrika und Simbabwe rund um die Welt und umschließt Australien und Neuseeland. Für einzelne Rhodesian Ridgeback-Züchter auch hierzulande wie beispielsweise Rosy Brook-Risse, die fünf Jahre in Afrika gelebt hat, sind diese internationalen Kontakte geradezu ein Lebenselixier.

Nach Australien kam der Rhodesian Ridgeback schon 1930, aber nur

Zwei verdiente Ridgeback-VIPs: Ihr Ch. Makaranga Famous Chaka im Alter von neun Jahren und Rosy Brook-Risse, unermüdliche Missionarin für die Rasse.

73

Im Format sehr typischer, 10 Monate junger Ridgeback-Rüde aus Australien, nun in Deutschland: Katzenbergers Ridgesetter Oz Design.

ein einzelner, den ein Segler auf einer Weltumsegelung mit sich führte und in Australien gegen einen Australian Cattle Dog eintauschte. Aber ein einzelner Rhodesian Ridgeback, was auch immer der Rasse an Wundertaten zugeschrieben wird, kann sich eben nicht vermehren. Dann war Pause bis 1966. Da kam nur ein Ridgeback, der leider bald verstarb. Erst 1967 wurden gezielt Ridgebacks zur Zucht nach Australien importiert. Insgesamt sechs, aus denen bis 1972 insgesamt 300 Hunde wurden. 1980 wurden schon jährlich 300 Ridgebacks in Australien eingetragen.

Aber zurück zur Weiterverbreitung der Rasse in Europa: Nach den ersten Importen nach Großbritannien hat sich die Rasse dort dramatisch vermehrt. Es half natürlich auch, daß Königin Elizabeth II noch als Prinzessin bei einem Besuch in Südafrika 1947 ein Pärchen Rhodesian Ridgebacks als Geschenk erhielt. Unglücklicherweise mußten auch diese Gastgeschenke für das Königshaus, wie alle Hunde, die nach Großbritannien importiert werden, eine sechsmonatige Quarantäne durchstehen. Die Hündin überlebte diese Zeit nicht, aber der Rüde „Just of Bamba",

„Hollie" genannt, stand bis 1951 in den Zwingern der Königin und wurde Vater vieler Welpen, so auch des ersten britischen Champions, Maiduba of Mancross (1954). So werden Ridgebacks in bestimmt 40 mehr oder weniger aktiven Zuchtstätten regelmäßig gezüchtet; wegen des einzigartigen Systems in Großbritannien, bei dem der Züchter entscheidet, welchen von seinen Welpen er eintragen lassen will, die anderen gehen einfach ohne Papiere in die verschiedensten Hände, lassen sich keine exakten Eintragungszahlen ermitteln.

Heute sind Rhodesian Ridgebacks stets auf Ausstellungen, von denen Großbritannien an jedem Wochenende bestimmt über das ganze Land verteilt jeweils 30 anbietet, vertreten und werben dort für ihre Rasse. Auch dort, wie in anderen Ländern, deren sich der Rhodesian Ridgeback inzwischen bemächtigt hat, und das sind alle Länder Europas einschließlich Skandinaviens, hat sich ein fester Stamm von jahrelang erfolgreichen Züchtern etabliert, bei denen sich mit dem Rassetyp im Ursprungsgebiet vergleichbare Ridgebacks finden.

Einer der erfolgreichsten Ridgebacks in Großbritannien, Ann Woodrows Ch. Mirengo Mandambo, fotografiert von Sally Anne Thompson.

75

Der Rhodesian Ridgeback – ein vielseitiges Talent

Nachdem dem geneigten Leser nun erklärt wurde, wie ein Rhodesian Ridgeback aussehen soll, möchte ich ihm auch nahebringen, wie sich ein Hund dieser Rasse typischerweise verhält und benimmt, denn nicht jeder hat das Privileg, einen solchen großartigen Hund zu besitzen. Mancher hütet sich, das, was er weiß, weiterzusagen, denn wenn alle einen solchen Hund hätten, wäre das nichts Besonderes mehr und – könnte nicht etwa die Rasse durch einen plötzlichen Boom leiden?

Ich bin der Meinung, daß mein Rhodesian Ridgeback sogar anders aussehen könnte als gewünscht, es würde mich wenig scheren, der einzigartige Charakter dieser Rasse würde mir ausreichen.

Was der Rhodesian Ridgeback alles kann

Wenn man der Literatur glauben kann, leisten Rhodesian Ridgebacks in einigen englischsprachigen Ländern Arbeit als Diensthunde bei der Polizei, dem Zoll und den Streitkräften. Sicher ist das wahr, gewiß aber kein hinreichender Beweis dafür, daß diese Rasse als Diensthund typisch und in jenen Ländern die weitest verbreitete Diensthundrasse ist. Dennoch gibt es bei den Diensthunden aus allen Ländern und diensthundhaltenden Behörden immer Hunde für Sonderaufgaben. So ließe sich denken, daß Rhodesian Ridgebacks als Spürhunde für die Leichensuche oder für die Suche nach Sprengstoff ausgebildet wurden – warum sollten sie dies nicht ebenso gut erledigen wie ein Deutscher Schäferhund? Man rufe sich in Erinnerung, daß diese Rasse auch feinnasige Rassen wie Pointer, Bloodhounds und Foxhounds unter ihren Vorfahren haben mag, und davon ist die Riechleistung der Rasse gewiß nicht schlechter geworden.

Vom Beginn seiner Rasse an jedoch, und das ist von den Hunden des Cornelius van Rooyen ziemlich zuverlässig und schriftlich überliefert, war der Rhodesian Ridgeback ein Jagdhund. Seine Stärke war das perfekte Zusammenspiel aller seiner scharfen Sinne, die der Hund als Art nun einmal hat. Beispiel: Während der Mensch schon am Ladeneingang durchaus riecht, daß er einen Metzgerladen betritt, nimmt ein Hund Gerüche so differenziert wahr, daß er die Anzahl der verschiedenen Wurstsorten mitteilen könnte. Rhodesian

Ridgebacks haben gewiß keine so gute Riechleistung wie Spezialisten wie der Beagle, der Basset Hound oder der Bloodhound. Aber wenn man beim Welpen die Entwicklung seiner Nasenleistung fördert, hat ein Ridgeback durchaus so viel Riechvermögen, daß er ein passabler Schweißhund sein wird. Dies haben viele Ridgebacks auch hierzulande schon bewiesen. Das Riechvermögen bedarf freilich der gezielten Förderung. Und das am besten von Anfang an.

Der Rhodesian Ridgeback hat eine sehr gute visuelle Begabung; er sieht nicht ganz so gut wie ein Windhund, ist aber wie viele andere Rassen auch ein überlegener Bewegungsseher. Objekte, die sich bewegen, kann er sehr gut auch in weiter Entfernung wahrnehmen und sehr sicher identifizieren. Das Gehör ist ebenso gut wie bei anderen Rassen, Hunde hören generell sehr differenziert. Wieder ein Beispiel: Wenn die Firma 30 Firmenwagen derselben Marke und desselben Typs hat, könnte ein Hund jeden einzelnen Wagen an seinem individuellen Geräusch identifizieren und wüßte, wer ihn fährt.

Das Zusammenspiel dieser wahrlich sagenhaften Sinne hat dem Ridgeback schon bei Cornelius van Rooyen einen Nebenjob beschert, der dann auszuüben war, wenn die Jagd noch nicht begonnen hatte oder schon vorbei war. Der Ridgeback war der Wächter für den Aufenthaltsbereich der Menschen, denen er gehörte. Und gerade diese Rasse, die deutlicher als andere ihre feine Wahrnehmung der Sinne nur in den Dienst ihrer Menschen stellt, war und ist geeignet, das häusliche Umfeld zu bewachen. Der Autor kann sich so vorstellen, daß Rhodesian Ridgebacks als Diensthunde die Umgebung der Leute sehr wirkungsvoll bewachen, mit denen sie in engem sozialem Verbund zusammenleben. Der frühere Ministerpräsident Südafrikas, Ian Smith, sagte jüngst, er fühle sich nur dann sicher, wenn sein Anwesen von mindestens zwei Ridgebacks bewacht würde.

Gerade weil der Rhodesian Ridgeback sich Fremden gegenüber so deutlich verhält und er auch hoffentlich künftig eine große, eindrucksvolle und entschlossene und damit wehrhafte Rasse bleibt, ist es nicht ratsam, ihm außer einer normalen Gehorsamserziehung eine Ausbildung, wie sie zum Beispiel für die Schutzhundprüfungen üblich ist, angedeihen zu lassen. Eines Tages wird der Rhodesian Ridgeback nämlich ahnen, daß Menschen Angst vor ihm haben (können). Und nachdem er als Hund (hoffentlich) nicht Boß in der Familie ist, freut er sich natürlich nachgerade, wenn er jemanden findet, dem er Angst machen kann und der damit in der sozialen Rangordnung unter ihm steht.

Eindrucksvoll in Format und Substanz, vorzüglicher Rüdenausdruck: Shangara Ukuru of Zuritamu, in Afrika gezüchtet.

Schon allein die Belobigung, wenn er sich hinsichtlich der Bewachung des eigenen Raums aufmerksam gezeigt hat, ist daher mit Vorsicht zu dosieren. Aber ich könnte mir vorstellen, daß mit Rhodesian Ridgebacks dasselbe möglich ist wie bei einem meiner Bekannten. Er hat ein großes Reisemobil und fährt damit in viele Länder. Er läßt die Türen des Mobils stets unverschlossen, denn er reist stets mit drei Fila Brasileiro, einer anderen wehrhaften Rasse. So

erreicht er, daß keiner versucht, die Tür aufzubrechen, denn sie ist ja offen. Und er hat schon aus der Ferne beobachtet, daß diebische Zeitgenossen die Tür ganz langsam öffneten, aber nach einem Blick in die Augen dreier Filas mit Schallgeschwindigkeit wieder zuwarfen. Ein Tip für Sie: Ein Rhodesian Ridgeback reicht auch.

Wie Sie aus den Illustrationen sehen, lassen sich dem Ridgeback auch viele andere Dinge beibringen, die er eher aus dem Wunsch heraus, seiner

Familie gefallen zu wollen, und aufgrund seines Arbeitswillens, den alle Hunde haben, heraus gerne erlernt.

Im jagdlichen Bereich ist er ein prima Stöberhund und hat sicher auch an großem, wehrhaftem Wild genügend Schärfe. Es ist schließlich sein ursprünglicher Hauptberuf.

Auch auf Treibjagden wäre er gewiß ein großer Helfer, wenn die Fähigkeit vieler heute aktiver Jäger, zunächst zuverlässig zu bestimmen, worauf und bevor sie vielleicht schießen könnten, nicht so bescheiden wären. Hier zitiere ich mit gro-

ßem Vergnügen den Doyen der schweizerischen Kynologie, Hans Räber, der 1994 schrieb: „Ich bin durchaus kein Jagdgegner, doch wenn diesen Herbst einem Bauer im Berner Oberland eine Ziege aus einer Herde heraus von einem Jäger erschossen wurde, und der Jäger seinen Irrtum erst bemerkte, als er feststellte, daß seine „Rehgeiß" ein Halsband mit Glöcklein trug, oder wenn in der Dämmerung ein auf dem Felde stehender Motormäher als „Wildsau" von einem Jäger erlegt wurde, dann begreife ich, daß Jäger weißbunte

Laumanns „Amanda vom Bärenkopf", aktiver Jagdhund bei der Hetze an einem Wildschwein.

Standesgemäße Torwache: Ulla Kellers „Simbi" Besal Golden Secret und Freund Assegai Phesheya.

Jagdhunde bevorzugen (ich entnehme diese Angabe aus den Zeitungen für Jäger und nicht etwa aus der Sensationspresse)." Allein weil es den Rhodesian Ridgeback nun einmal nicht in weißbunt gibt und er einem Reh oder gar einem Fuchs in der Farbe ähnlich sehen könnte, würde ich ihn also nicht zu einer Treibjagd schicken.

Gleichwohl kann ein Ridgeback auch die Wasserarbeit und die Apportierarbeit lernen, wie auf den Illustrationen der große (Herr Lau) Mann mit seinem großen Hund trefflich beweist. Aber so gut wie ein Retriever wird er in diesen Fächern schwerlich werden.

Wenn man die Mentalität des Ridgeback kritisch betrachtet, wird einem klar, daß diese Rasse allein wegen ihrer angezüchteten Wachsamkeit als Blindenführhund gewiß nur in Ausnahmefällen taugt. Dieser Rasse ist die Führigkeit oder leichte Erziehbarkeit eben nicht so angezüchtet worden wie dem Deutschen Schäferhund, der immer gespannt aufmerkt,

Laumanns „Ayla vom Forellental" kann alles, was ein Jagdhund lernen kann: Sie apportiert auch aus tiefem Wasser.

was der Führer von ihm will. Die Beziehung zu seinem „Führer" ist gewiß ebenso, wenn nicht gar inniger als bei einem Deutschen Schäferhund, Gehorsam ist jedoch für ihn kein Selbstzweck, sondern Gefallenwollen.

Ein großes Feld eröffnet sich aber auf dem Sektor der hundlichen Ausdauer, die der unter sehr harten Bedingungen erzüchteten Rasse noch immer gegeben ist. So kann ein normal trainierter Ridgeback, wenn er erst einmal erwachsen ist, wesentlich länger laufen als seine Besitzer; Kunststück, wenn man als Hund – anders als die Menschen – den ganzen Tag dösen oder schlafen kann, sehr gut gefüttert wird und sonst keine Aufgaben hat. Tatsache: Ein Rhodesian Ridgeback ist erst nach ca. 90 Minuten straffen Spaziergangs auf Betriebstemperatur. Dem-

Der Rüde „Merten" ist ein fanatischer Spaziergänger, aber auch ein äußerst erfolgreicher Ausstellungshund, planmäßig aus erfolgreichen Ridgebacks in Holland gezüchtet.

nach wird ein Mensch auch im Interesse der eigenen Gesundheit dann einen täglichen Spaziergang einplanen, der länger als 90 Minuten währt. Überhaupt ist dies die perfekte Verwendung des Ridgeback: als Begleithund auf langen Spaziergängen, auch in einsamen Gegenden.

Zusammen mit seinem vierbeinigen Freund erlebt man die Natur ganz anders und kommt auch auf andere, tiefere Gedanken, als sie vor dem häuslichen Fernsehschirm mit

seinem Rezept „Der Zuschauer hält für dieselbe Sache nur 50 Sekunden Aufmerksamkeit durch" entstehen können. Was sind 60 Minuten Seifenoper im Fernsehen gegen eine Stunde Waldspaziergang mit einem Rhodesian Ridgeback?

Wenn sich der Ridgeback-Besitzer erst einmal entschlossen hat, mehr zu tun, als seinen Hund vom Sofa zu rufen und um den Block zu gehen, wenn also beide sich einig sind, daß sie mehr tun wollen, als zusammen unaufhaltsam und unauffällig älter zu werden, dann gibt es noch andere Tätigkeitsfelder für die beiden. Fast alle diese Tätigkeiten setzen die Mitgliedschaft bei einem Hundeverein voraus.

Während die in Deutschland ansässigen Rhodesian Ridgeback-Zuchtvereine zwar je nach ihrer Größe meist regional gegliedert sind oder mindestens regionale Ansprechpartner haben, sind sie aber wohl noch nicht groß genug, um eigene Hundeübungsplätze zu haben. Es ist daher, wenn Sie im Bereich Hundesport, so zum Beispiel Agility aktiv werden wollen, sinnvoll, sich eine lokale Kontaktadresse über den Deutschen Hundesportverband zu besorgen (entsprechende Adressen in Österreich und der Schweiz erhalten Sie über die Dachverbände), dessen Adresse im Kapitel „Die Verwaltung der Rhodesian Ridgeback-Welt" am Ende dieses Buches zu finden ist.

Im Rahmen des dort betriebenen Hundesports gibt es vielfältige Aktivitäten, die Hund und Hundebesitzer unterhalten, bei beiden die allgemeine Fitneß unterstützen, aber auch die Beziehung und Bindung untereinander wesentlich vertiefen. Um zu sehen, was beiden davon zusagt, bedarf es des eigenen Ausprobierens, und das ist nun eben einfach nur bei diesen Gruppierungen möglich.

Neben diesen eher „normalen" Aktivitäten mit dem Hund gibt es auch Einzelveranstaltungen, die einem Ridgeback großen Spaß machen, aber eben organisiert werden müssen. So absolvieren Rhodesian Ridgebacks im Ausland gelegentlich auch einmal Rennen, um ihre körperliche Tauglichkeit unter Beweis zu stellen. Da es hier gewisser Vorkenntnisse bedarf, empfiehlt es sich, daß ein Zuchtverein oder seine regionale Gliederung Kontakt mit dem Deutschen Windhundzucht- und Rennverein (Adresse über den Dachverband) aufnimmt, der in ganz Deutschland als Mitglieder regionale Rennvereine hat, die ihrerseits wiederum Windhund-Rennbahnen betreiben.

Über denselben Kontakt läßt sich auch ein Wettbewerb betrachten, der in meinen Augen noch viel mehr als das Rennen auf der Bahn die eigentlichen Fähigkeiten der Rasse erkennen läßt: das Coursing. Coursing ist ein in den letzten Jahren auch in Windhundkreisen sehr populär gewordener Sport, bei dem die Hunde versuchen, einen „Hasen" (der ein Fell oder ein Bündel von Lappen ist) zu ergreifen, der an einem Seil motorisch auf einem Kurs gezogen wird, der die Flucht eines aufgespürten Hasen oder, allgemein, Wildtieres simuliert.

Die Umlenkrollen, über die das Seil und damit der „Hase" gezogen wird und dadurch wie in der freien Natur Haken schlägt, werden für jeden Lauf, der im allgemeinen von zwei Hunden bestritten wird, umgesteckt, so daß sich ein vielfältiges, vom Hund nicht vorhersehbares Verfolgungsmuster ergibt, das höchste Aufmerksamkeit und Wendigkeit der Hunde erfordert. Gemessen am ursprünglichen Verwendungszweck des Rhodesian Ridgeback ist diese eine höchst wünschenswerte und aufschlußreiche Prüfung; sie macht Herrn und Hund außerordentlich viel Spaß und findet im Freien statt. Ein gesunder Sport.

In der Schweiz gezüchtet: Yvonne Schönholzers Hündin Mashaba's Harubah.

Stärken und Schwächen

Zu den Stärken des Rhodesian Ridgeback gehören:

– Seine unverbrüchliche Zuwendung zu seinen Menschen und seine wachen Sinne, die wir auch in unserer zivilisierten Welt noch immer sinnvoll nutzen können.

– Sein „sechster Sinn" für Gefahren, der jedoch nichts Geheimnisvolles hat, sondern nur Resultat der Kombination der unglaublich feinen Sinneswahrnehmungen der Hunde ist. So zeigte die Ridgeback-Hündin des Autors stets eine gute Stunde vorher das Nahen eines Gewitters an.

– Daß er bei Bedrohungen auch ohne besonderes Training unverbrüchlich zu seiner Familie stehen wird.

– Seine stattliche Größe – die Zucht von kleineren Rhodesian Ridgebacks, damit sie auch in ein Einzimmer-Appartement und auf den Rücksitz eines kleinen Cabriolets passen, ist ein Irrweg; wir brauchen keine Bonsai-Ridgebacks.

– Daß er im Grunde eine sehr normale Rasse ist, die in keiner Hinsicht übertrieben sein darf. Vom historischen Rückenkamm einmal abgesehen.

Zu den Schwächen des Rhodesian Ridgeback gehören:

– Daß er auf inniger Zuwendung durch seine Familie besteht und ohne diese Seelennahrung höchst unglücklich ist. Das zeigt er dann auch.

– Daß er engen Kontakt mit seinen Menschen braucht und daher stets zu Füßen und damit im Wege liegt; ein Ridgeback verliert auch seine feinen roten Haare, die in allen Ecken zu finden sind, insbesondere auf dunklen Kleidungstücken und im Auto.

– Daß er so groß ist, daß er mühelos sieht, was an Freßbarem auf dem Tisch steht.

– Daß er einen Zaun von zwei Metern Höhe mühelos überspringt, wenn er das erst einmal erlernt hat.

– Daß er nur so kurz lebt, denn hat man sich anderthalb Jahrzehnte an diesen wunderbaren Hund erst richtig gewöhnt, muß man bald Abschied nehmen.

– Daß er nicht sehr bellfreudig ist. Einmal erwachsen, hat er jedoch eine respekteinflößende Stimme. Die kann man nutzen, wenn man will, und dem Ridgeback auf das Kommando „Laut!" das Bellen beibringen. Schon ist die Schwäche in eine Stärke umgewandelt.

Die Anschaffung eines Rhodesian Ridgeback – und die Folgen

Informationen sammeln

Es gibt auf der Welt Leute, die spontan und impulsiv handeln und solche, die alles planmäßig vorbereiten und verrichten. Und dazwischen gibt es viele Zwischenformen dieser beiden Extreme. Wie bei den Typen der Hunderassen ist oft, so auch hier, die goldene Mitte der richtige Weg. Nachdem Sie sich also spontan in den Rhodesian Ridgeback verliebt haben, sollten Sie planmäßig alles sammeln, was Ihnen Informationen zu dieser Rasse vermittelt.

Der klassische Weg ist der Griff zu einem Lexikon, dann der Weg zur Stadtbücherei (wo es meist bestenfalls gute Bücher über alle Hunderassen gibt). Aber auch im Internet kann man schon etwas über die Rasse finden. Noch besser ist es, sich ein Buch zu kaufen – Sie haben also die richtige Entscheidung getroffen. Nach dieser Lektüre wenden Sie sich am besten an einen oder, warum nicht, an alle Zuchtvereine für die Rasse im eigenen Land. Fragen Sie nach Grundinformationen über die Rasse, einer Züchterliste und nach einer Liste mit Veranstaltungen des Vereins. Die letzteren sollten Sie einfach besuchen, sowohl Spaziergänge der Re-gionalgliederungen als auch Zucht-schauen, vulgo Ausstellungen. Dort treffen Sie dann praktizierende Rhodesian Ridgeback-Besitzer, vielleicht sogar Züchter.

Anforderungen an Rhodesian Ridgeback-Halter

Einen Rhodesian Ridgeback sollte nur der halten, der genügend Platz in der Wohnung oder im Haus hat. Große Hunde sind zwar recht ruhig, aber wenn ein Hund, der in der Wohnung herumläuft, schon aus reinen Platzgründen stört, verhindert dies eine sinnvolle Hundehaltung. Überflüssig hier noch auszuführen, daß bei Mietwohnungen die vorherige schriftliche Zustimmung des Vermieters, bei Eigentumswohnanlagen die der übrigen Eigentümer vorliegen muß.

Wenn dies alles klar ist, muß noch gesagt werden, daß ein großer und erwachsener Hund nicht nur Platz braucht, sondern auch Kraft und Entschlossenheit hat, viel wiegt und laut bellt. Wenn man nicht in der Lage ist, seinen Hund beim Tierarzt auf den Behandlungstisch zu heben, sollte man sich eine andere Rasse kaufen. Wenn man den Hund schon rein körperlich, kräftemäßig auf der Straße nicht höchst zuverlässig an der Leine festhalten kann, wenn er mit aller Kraft auf eine Katze zustürzt oder auf einen Konkurrenten, ist das nicht die richtige Rasse für diese Person; daher auch die Warnung, Kinder nur dann alleine mit dem Rhodesian Ridgeback spazierengehen zu lassen, wenn sie den Hund auch kontrollieren können.

Rhodesian Ridgebacks bellen nicht viel, es sei denn, man will das so und fördert entsprechende Neigungen mit Lob und Belohnung. Aber wenn sie bellen, hört man sie auch durch Wände. Wenn Sie schreckhafte Nachbarn haben, klären sie das besser vorher.

Daß der Halter jeder Hunderasse nur dann seinen Hund artgerecht hält, wenn er regelmäßig mit ihm rausgeht und ihn damit körperlich und geistig (der Hund ist ein Nasentier und braucht ein täglich wechselndes Geruchspanorama und daher eine Spazierumgebung, die Abwechslung bietet.) fit hält, trifft auf jede Hunderasse zu, auch auf den Rhodesian Ridgeback. Und, last but

Ridgebacks vertragen sich mit Kindern vorzüglich, am besten mit denen der eigenen Familie.

not least, der Interessent muß sich seinen Rhodesian Ridgeback leisten können.

Anschaffungs- und Unterhaltungskosten

Im Jahr 1997 kostete ein Rhodesian Ridgeback-Welpe im Alter von etwa 12 Wochen, ohne zuchtausschließenden Fehler, mit vollständiger Grundimmunisierung und Ahnentafel von (im deutschen Sprachraum) VDH, ÖKV oder SKG zwischen 2.500 und 3.000 DM. Das erscheint mir auch viel Geld, daher meine Bemerkung: „Der Rhodesian Ridgeback ist eine gesunde Rasse – das einzig Ungesunde an ihr ist der Welpenpreis!" Aber das ist dennoch ein lächerlicher Betrag, wenn Sie die Kosten zusammenrechnen, die Sie der Hund sein ganzes Leben kosten wird. Futterkosten sind mit etwa 7 DM pro Tag anzusetzen, das macht rund 2.500 DM pro Jahr. Bei einem gesunden Rhodesian Ridgeback kommen noch jährliche Impfkosten dazu und etwas Hundezubehör wie Leinen oder Bürsten oder auch einmal ein Spielzeug oder eine Belohnung für den Hund, insgesamt rund weitere 300 DM. Dazu kommt, daß eine Haftpflichtversicherung für den Hund sinnvoll ist (etwa 150 DM pro Jahr) und daß die Hundesteuer (Kosten je nach Wohnort bis zu 200 DM pro Hund und Jahr, hier mit 100 DM angenommen)

lebenslang fällig wird. Macht rund 3.000 DM pro Jahr.

Nehmen wir an, daß Ihr Rhodesian Ridgeback bei bester Gesundheit 12 Jahre alt wird, dann hat er bis dahin 36.000 DM gekostet, dann sind die zusätzlichen 3.000 DM für den Welpenpreis oder ob der Hund 500 DM billiger oder teurer war, recht unerheblich.

Den vorstehenden Kosten ist natürlich hinzuzufügen, was bei besonderen Aktivitäten noch zu zahlen ist. So ist daran zu denken, daß ein junger Hund zu Hause ab und zu etwas kaputtmacht; das zahlt dann der Hundehalter, denn Schäden, die durch seinen eigenen Hund verursacht wurden, werden ihm von der Haftpflichtversicherung nicht ersetzt. Sind allerdings Dritte geschädigt, ist das ein Versicherungsfall für die Haftpflicht. Folglich ist jedem Hundehalter der sofortige Abschluß einer Tierhalter-Haftpflichtversicherung dringend anzuraten.

Ausstellungen kosten zusätzlich etwa 75 DM pro Hund und Meldung, von den Fahrtkosten ganz zu schweigen. Die Mitgliedschaft in einem Rhodesian Ridgeback-Verein sollte auch drin sein, da ist mit etwa 80 DM Jahresbeitrag zu rechnen.

Diese ganzen Kosten werden in meinen Augen jedoch wieder wettgemacht durch die unendliche Freude, die ein Hundebesitzer während des ganzen Hundelebens mit seinem

Hund haben kann. Wie sagt die Kampagneplakette des Schwedischen Kennel Clubs? „Hunden – Människans bästa vän" – Der Hund ist nicht nur des Menschen bester Freund, er ist Ihr persönlicher Fan!

Wie viele Fans haben Sie denn sonst noch? Der Hund – der einzige Fan, den man sich kaufen kann!

Rüde oder Hündin

Wie leicht diese Frage zu beantworten ist, sehen Sie daran, daß meine Frau in den letzten 22 Jahren gemeinsamer Hundehaltung stets Rüden wollte, ich stets Hündinnen und wir uns voraussichtlich in diesem Leben nicht mehr einigen werden. Rüde und Hündin sind im Äußeren und im Verhalten unterschiedlich. Variationen sind jedoch ebenso zahlreich wie bei den Menschen, die sich auch nicht immer „geschlechtstypisch" verhalten. Ein bißchen kann auch die Prägung durch den Besitzer dazu beitragen, vorhandene Eigenschaften weniger oder mehr ausgeprägt heranreifen zu lassen. Auch aus diesem Grund wird empfohlen, einen Rhodesian Ridgeback als Welpen zu kaufen.

Carango von Kimbida, heute ein stattlicher Rüde, als Welpe.

Rüden sollen ein wenig größer, imposanter, selbstbewußter in ihrer Körperhaltung, mit kräftigeren Knochen und in der gesamten Gestalt massiver sein als Hündinnen. Sie sind, biologisch bedingt, von erheblicher Hartnäckigkeit im Verfolgen von Zielen, ertragen Disziplinierung meist stoischer und müssen überall draußen markieren – das bekommt nicht allen Sträuchern im Garten. Wegen ihrer beschriebenen Eigenschaften sind sie ein wenig schwerer zu erziehen, brauchen daher mehr Nachdruck und Dominanz des Ausbildenden.

Hündinnen sind im Umkehrschluß ein wenig zierlicher. Wenn sie keine „Brunhilde" unter den Hündinnen erwischt haben, sind sie oft ein wenig anschmiegsamer und meist auch ein bißchen leichter zu erziehen. Im Erwachsenenalter werden sie dann, im Abstand von etwa sechs Monaten, „heiß", sie verlieren dann Blutstropfen und ziehen Rüden aller Rassen magisch an. Wenn man unerwünschten Nachwuchs verhindern will, hilft in dieser Zeit nur die Internierung an einem sicherem Ort oder, wenn die Hündin dann körperlich

Vielleicht der höchste Ridgeback Österreichs: Poduschka-Aigners Gilah von der Ybbstalheide, genannt „Wilch", als Berghund.

ausgereift ist, die Kastration oder Sterilisation.

Aufgaben und Sinn

Wer einen jungen Hund kauft, muß von Anfang an daran denken, daß er ihn bis zu seinem zwölften Lebensjahr oder länger besitzen wird. In dieser Zeit hat der Hundebesitzer die Fürsorgepflicht für seinen Hund. Und das nicht nur bei gutem Wetter, sondern er muß auch bei Regen, Kälte und Schnee hinaus – dabei bleiben Hund und Besitzer gesund.

Es sollte auch selbstverständlich sein, daß Sie Ihren Hund mit in Ihren Urlaub nehmen, da Sie dann am meisten Zeit für ihn haben. Ein Zwinger oder das Tierheim sollten nur im Notfall vorübergehend eine Alternative sein. Sie als Besitzer sind dafür verantwortlich, daß es Ihrem Hund gut geht und daß er so lebt, wie Ihr größter Fan es verdient hat. Das sind Ihre Aufgaben.

Aber auch Ihr Hund kann Aufgaben haben. Er soll, und das kann ein Rhodesian Ridgeback von Natur aus ganz prima, Ihre Wohnumgebung,

Die österreichische Hündin Mavunguela's Nanganuka, eine harmonische mittelgroße Hündin mit typischen Winkelungen und bester Augenfarbe.

91

Ihr Grundstück beobachten und Ungewöhnliches melden. Das wird er in der Regel ohne Ausbildung ganz alleine tun – in Wirklichkeit ist es nämlich seine Wohnung, sein Haus, sein Grundstück! Seine Familie geht ihm über alles, und er wird ohne Aggression Ihnen oder Ihrer Familie beistehen, wenn Sie Hilfe benötigen.

Gehört Ihr Rhodesian Ridgeback einem Jäger, ist er fast wunschlos glücklich, wenn er mit Ihnen zur Jagd gehen darf. Er wird sich zu einem zuverlässigen Stöberer ohne Furcht und einem vorzüglichen Schweißhund zur Nachsuche auf angeschossenes Wild erziehen lassen. Wie Sie an einigen Bildern in diesem Buch sehen, bringt er bei entsprechender Anleitung auch zuverlässig aus dem Wasser und zu Lande, was der Jäger geschossen hat. Da der Rhodesian Ridgeback kein Schwächling ist, bringt er auch den Fuchs ohne Mühe.

Auch sonst ist der Rhodesian Ridgeback, wie alle anderen Hunde, sehr dankbar, wenn er beschäftigt wird. So sind einige Rhodesian Ridgebacks durchaus noch im reiferen Alter im Hundesport sehr erfolgreich, und zwar in der Disziplin „Agility", bei dem Besitzer und Hund sportlich einen Parcours mit mannigfaltigen Schwierigkeiten in möglichst kurzer Zeit bewältigen müssen. Ein solcher Sport, erfolgreich ausgeübt, beschert beiden Fitneß und neben einer vorzüglichen Gehorsamserziehung eine enge Mensch-Hund-Bindung.

Übrigens: Auch bei Reitersleuten sind Rhodesian Ridgebacks recht beliebt. Sie vertragen sich gut mit Pferden, wenn sie von klein auf daran gewöhnt sind. Sie sind – und das können sie natürlich erst dann, wenn sie körperlich voll ausgereift sind – die idealen Begleiter bei Ausritten. Man darf ihnen dann allerdings nie erlauben, zu jagen – sonst gehen ihre alten Instinkte mit ihnen durch.

Es kann am Schluß dieses Kapitels nicht klar genug davor gewarnt werden, einen Rhodesian Ridgeback einer Schutzhundausbildung zu unterziehen. Nach einer solchen Ausbildung ist sich der Hund plötzlich seiner körperlichen Möglichkeiten äußerst bewußt und bedürfte dann lebenslang enger Kontrolle, um nicht seine Wächterfunktion eigenmächtig auszudehnen.

Auswahl des Züchters

Die Auswahl des Züchters ist gleichzeitig eine Auswahl des Hundetyps, mit dem der Besitzer dann die nächste Zeit zusammenleben wird. Aber der Züchter ist auch entscheidend für die Kommunikation über den neuen Hund. Wenn der Besitzer nicht schon ein alter Hase in Hundedingen ist, wird er mindestens während des Heranwachsens des Hundes immer wieder einmal den Rat des Züchters

Ridgebacks und Pferde vertragen sich gut – nur fressen sie selten dasselbe!

benötigen. Das Gespräch mit dem Züchter wird dem Hundebesitzer um so leichter fallen, je mehr er „seine Sprache" spricht. Es ist daher offenbar so, daß Interessenten dort am ehesten einen Hund kaufen, wo der Züchter einen ähnlichen gesellschaftlichen Stand hat. Auch das Erwartungsniveau, sei es hinsichtlich der Sauberkeit der Zuchtstätte oder der menschlichen Zuwendung, mit der der Welpe heranwächst, entspricht dann am ehesten den Maßstäben des Interessenten. Also definiert sich die Auswahl der Züchter oft schon über den ersten telefonischen Kontakt und

kluge Züchter tun gut daran, ihre Kommunikation am Telefon dieser Erfahrung anzupassen.

Die Wahl des Züchters kann auch ganz profan von der Überlegung abhängig gemacht werden, ob man bei dieser Person auch ein gebrauchtes Auto kaufen würde. Denn auch hier ist Vertrauen gut, Kontrolle besser. Lassen Sie sich doch sagen, wo in Ihrer Nähe einer, oder besser, mehrere Welpenkäufer wohnen und schauen Sie sich deren Hunde dann an. Fragen Sie ganz unauffällig auch danach, welche Betreuung der Züchter nach dem Kauf geleistet hat und ob er sich, wenn die Käufer dies nicht selbst getan haben, einige Zeit nach dem Verkauf nach dem Wohlergehen von Welpe und Besitzer erkundigt hat. Ein bekannter, renommierter Züchter hat diesen Ruf nicht ohne Grund; freilich gibt es auch in die Jahre gekommene Schlitzohren. Das alles funktioniert natürlich nicht, wenn Sie an einen Erstzüchter geraten – hier muß Ihr „gesunder Menschenverstand" entscheiden.

Welpenkauf mit Methode

Wie kommt man an einen Rhodesian Ridgeback? Ein Buch, das soviel Papier darauf verwendet, Ihnen zu erklären, welch' eine gebrauchstüchtige, gesunde und tolle Hunderasse der Rhodesian Ridgeback ist, was sie alles kann und wie sie möglichst vorschriftsmäßig aussieht, wäre ein „blutleeres" Buch, wenn darin nicht zu finden wäre, wie man an einen Rhodesian Ridgeback kommt, und zwar richtig. Der methodischen Anleitung möchte ich noch einige kritische Anmerkungen vorangehen lassen.

Es ist töricht, wenn eine Familie einen Hund anschaffen will, wenn nicht alle Familienmitglieder spontan und rückhaltlos von der Idee begeistert sind. Die Wahrscheinlichkeit, daß die Skeptiker bekehrungsfähig sind, können nur Sie beurteilen. Ich bin der festen Überzeugung, daß eine

Bekehrung wie die des Saulus, der bekanntlich zum Paulus wurde, so selten vorkommt, daß die biblischen Journalisten diese Geschichte wegen ihrer Seltenheit als „aufsehenerregende Story" in das Neue Testament aufgenommen haben. Sind Sie sicher, daß sich bei Ihnen Bekehrungen von biblischen Ausmaßen ereignen könnten?

Ich rate aber auch dringend von der Anschaffung irgendeines Hundes, welcher Rasse auch immer, ab, wenn die Frau des Hauses, der gemeinhin Pflege und Wartung von Haus, Wohnung, fast sogar der „Betrieb des Unternehmens Familie" obliegt, diese Aufgaben schon nur unter Mithilfe anderer Familienmitglieder bewältigen kann. Dann wäre es unfair, den schon bestehenden Belastungen noch eine weitere hinzuzufügen, die mindestens für die nächsten zehn Jahre bestehen bleibt und die in den ersten Monaten auch Personen mit guten Nerven mitunter erschüttert. Fairerweise muß aber hier auch angemerkt werden, daß manche „Chefinnen", die sich bis dahin nur mit Haushalt und Familie beschäftigten, sich nach Anschaffung eines Hundes emanzipierten und über den Hund viele neue, interessante Kontakte knüpften, ohne die sie sich heute ärmer an Lebensperspektiven fühlen würden.

Ein weiterer Grund zum Abraten ist, wenn der Hund, bis er rund an-

Kinder und Hundewelpen aller Rassen verstehen sich spontan.

derthalb Jahre alt ist, länger als vier Stunden alleine im Haus sein müßte. Gerade ein junger Hund braucht menschliche Ansprache, ganz besonders aber eine geregelte Erziehung, und die ist nur dann geregelt, wenn er über den gesamten Zeitraum seiner Anpassung an die Familie während seiner Wachphasen der Kontrolle und Leitung von Menschen unterliegt und nicht sich selbst überlassen bleibt. Kein solider Züchter wird Ihnen einen Rhodesian Ridgeback verkaufen, wenn Sie vorhaben, diesen eine erhebliche Zeit des Tages zu internieren, das heißt, ihn innerhalb des Hauses oder in einem draußen gelegenen Hundegefängnis, das ganz entlarvend auch Zwinger heißt, einzusperren.

Wenn Familienmitglieder Allergieprobleme haben, dann sollten Sie sich auch keinen Hund kaufen. Ein ernsthafter Hundefreund läßt beim geringsten Verdacht prüfen, ob er gegen Hundehaare allergisch ist, bevor er einen Welpen zu sich nimmt und ihn dann hernach, zu beider Nachteil, wieder abgeben muß. In unserer Eigenschaft als Züchter sind meine Frau und ich den glücklicherweise wenigen Welpenkäufern von Herzen böse gewesen, die einen Welpen mit dieser Begründung wieder zurückgebracht haben. Meistens wurde diese Begründung vorgeschoben, es wurde deutlich gelogen. Auf jeden Fall war die Entscheidungsvorbereitung bei

diesen Leuten schlecht gewesen. Man muß auch zur Abrundung des Bildes sagen, daß viele Allergien offenbar erst entstehen, weil Menschen meist einerseits ihrem „System Körper" keine Belastungen mehr zumuten, die das Immunsystem in Schwung halten; dazu würde natürlich auch der tägliche Spaziergang in freier Natur und frischer Luft gehören. Das bessert sich, wenn sie einen Hund artgerecht halten und mit ihm täglich spazierengehen. Andererseits helfen Hunde erwiesenermaßen zur Einstimmung eines seelischen Gleichgewichts, das sicherlich auch der Entstehung von Empfindlichkeiten und Erkrankungen entgegenwirkt.

Tips für die Anschaffung eines Rhodesian Ridgeback

Es ist schon erstaunlich. Der Kauf eines Automobils ist eine weihevolle Handlung. Ihm gehen Tage oder gar Wochen, in verschärften Fällen Monate des Wälzens aller möglichen Zeitschriften und Tests voraus. Freunde und Kollegen werden befragt, man streicht erwartungsvoll um Ausstellungsstücke beim Händler herum, stößt Familienmitglieder mit dem Ellbogen an, wenn ein solches Fahrzeug wie das erwählte um die Ecke biegt und hält es eine Weile für den besten Kauf seines Lebens. Der weihevollen Handlung geht eine Zeit fast vorweihnachtlicher Erwartung voraus. Trotz dieser „gefühlsbetonten" Annäherung an das Projekt „Neues Auto" weiß jeder Autointeressent dennoch ganz genau, wie das Anschaffungsobjekt aussehen muß, daß es als neues Auto keine Mängel haben darf, sondern daß es picobello sauber sein muß, daß man alle vom Prospekt und vom Händler zugesicherten Eigenschaften erwarten darf und daß der Autohändler selbstverständlich eine Gewährleistung, volkstümlich „Garantie" genannt, auf das neue Auto geben muß. Und ein Käufer, der hinsichtlich Beschwerden beim Verkäufer kulant behandelt wird, wird dem Händler und meist auch der Automarke treu bleiben.

Bleiben wir noch einen Augenblick beim Auto: Der stolze Neubesitzer hält es die ersten Monate penibel sauber und vor allem ohne Beulen. Dennoch fährt er, wenn man der Statistik glauben darf, damit meist täglich weniger als 10 Prozent der Zeit, die er wach ist und nicht im Bett verbringt. Das Auto steht entweder in der Garage oder gar in Wind, Sonne und Wetter auf der Straße. Es kostet, je nach Größe und Marke, mehr als einen halben Tausender im Monat. Und es verliert rapide an Wert und Wertschätzung. Ein Jahr nach seinem gloriosen Erwerb ist es gewiß nur noch zwei Drittel des Neupreises wert, obwohl es noch immer wie neu aussieht und auch so fährt. Nach fünf

Jahren ist es meist zweimal verkauft worden, nach weiteren zehn Jahren wird es, kaum fünfzehnjährig, oft schon verschrottet.

Nun wenden wir uns unserem Thema zu, dem Rhodesian Ridgeback-Kauf. Was erwerben Sie denn anderes mit einem Hund als mit einem Auto?

Ihr Rhodesian Ridgeback wird Ihnen zum Beispiel lange ein Familienmitglied bleiben, denn mittelgroße und gesund konstruierte Hunderassen werden, beispielsweise wie Rhodesian Ridgebacks, leicht zwölf Jahre und älter, rüstige Senioren von fünfzehn und mehr Jahren sind keine Seltenheit. Im Gegensatz zum Auto kommt ein Hund als reizender Welpe in Ihr Haus. Aber er ist äußerst lernfähig und stellt sich höchst individuell auf Ihre Familiengegebenheiten ein, tut, bei planmäßiger und konsequenter Erziehung, bald das, was Sie ihn mit Worten oder Zeichen gelehrt haben. Er kennt bald alle Ihre Familienmitglieder und Freunde, Ihre Wohnung, Ihr Haus und Ihren Garten. Er lebt mit Ihnen zusammen, und das 24 Stunden am Tag. Er erkennt und kennt die Stimmungen Ihrer Mitmenschen, er freut sich mit Ihnen und empfindet, wenn Sie traurig gestimmt sind. Ihr Hund wird Sie auf allen Spaziergängen begleiten; er geht mit Ihnen selbst auf den einsamsten Wegen und ist dann ein Stück Natur in der Natur, er wird Ihnen, wenn sie ihn beobachten, den Weg zu ungeahnter Tiefe der Naturbeobachtung eröffnen.

Ein Hund, dem, wie schon Goethe sagte, „wenn wohlgezogen", selbst ein weiser Mann gewogen ist, wird Sie auch sonst stets begleiten, denn ein Rhodesian Ridgeback mit Lebenserfahrung ist gelassen, manierlich und daher stets, selbst bei Menschen, die nie das Privileg hatten mit Hunden zusammenzuleben und daher Hunden gegenüber oft skeptisch sind, gerne gesehen.

Sie erwerben also mit dem Hund einen Gefährten für einen erheblichen Teil Ihres Lebensweges, ein lebendiges, in allen Sinnen meist besser als der Mensch entwickeltes Wesen, das sich den Menschen nahezu perfekt anpaßt, dem jedoch Neid, Mißgunst, Standesdünkel und Konkurrenzdenken fremd sind.

Das alles erwerben Sie in der Größe und Gestalt, in der Fellfarbe und -länge, die Sie sich schon immer wünschten. Der Hund wird weitaus billiger sein als ein neues Auto, in Anschaffung und Haltung, und er wird Sie immer als seinen Meister betrachten.

Erschreckenderweise werden Hunde aber meist höchst spontan gekauft. Und das nicht nur zur Unzeit und bei unpassenden Verhältnissen, sondern – zum Entsetzen aller Kundigen – mit verheerenden Folgen, Hals über Kopf. Dies würde keinem

bei einem Auto passieren, man würde wenigstens einen Berater mitnehmen, der nachweislich und erkenntlich von der Sache etwas versteht. Nicht so bei vielen Hundekäufen. Warum werden Hunde geradezu sträflich leichtsinnig ausgesucht und eingekauft?

Dies, lieber Leser, wird Ihnen nicht passieren, denn sonst hätten Sie dieses Buch nicht in der Hand. Sie werden es besser machen, und im nachfolgenden will ich Ihnen einen Leitfaden geben, wie Sie Ihren Hundekauf sinnvoll planen können.

Blutige Anfänger gehen – leider – zu Tierhändlern und Zoogeschäften, in der falschen Annahme, wo süße Meerschweinchen herkämen, seien auch Hunde zu haben. Gewiß sind sie das mitunter auch. Und es gibt auch immer wieder Leute, die damit keine schlechten Erfahrungen gemacht haben – allerdings sind dies die Ausnahmen, die die Regel bestätigen.

Dennoch haben viele Hunde, die durch Händlerhand gingen, immer wieder nach Ankunft beim künftigen Besitzer ganz erhebliche Gesundheitsprobleme, weil sie schlechten Aufzuchtverhältnissen oft zu früh entrissen wurden und wie eine leblose Ware vom „Hersteller" zum Tierhändler zum Versand kamen. Ganz zu schweigen von der meist menschenfernen und auch unter den Hunden untereinander schlecht sozialisierten Aufzucht bei dem, der die Hunde zum Broterwerb „erzeugte".

Das macht dann den vermeintlich günstigen Kauf bald zu einem schlechten Geschäft, denn selbst wenn ein geschickter Tierarzt das bemitleidenswerte Geschöpf wieder heilt, ist der Hund oft dann für den Rest seines Lebens nur „repariert", da er die Lebenskräfte der Jugend, die ihm zur Entwicklung einer robusten Gesundheit, einer übermütig lebendigen Kindheit und Jugend von der Natur mitgegeben worden waren, weitgehend dafür gebraucht hat, zu überleben und zu genesen.

Im übrigen hat ein solcher Händler selten die Eltern der Welpen gesehen, die er mit dem Brustton der Überzeugung als „gesunde Rassehunde" verkaufte. Wie kann er da wissen, wie die Eltern dieses Welpen, die ja Aussehen und Verhalten des jungen Hundes zum erheblichen Teil vererbten, aussahen, sich benahmen und ihre Jungen aufzogen? Wie weiß er, ob es sich überhaupt um reinrassige Welpen handelt, steht doch dafür nur die Zusicherung des Züchters?

Finger weg auch von unseriösen Züchtern, die mehr als zwei oder drei Rassen halten und züchten und die Ihnen nicht zeigen wollen, wo die Welpen aufwachsen und wie die Eltern aussehen.

Wenn Sie ein wenig nachdenken, sollten Sie auch dort nicht kaufen, wo schon eine Weile gezüchtet wird, aber alte Hunde nicht zu sehen sind – bei Leuten, die nur Geschäft und Ertrag sehen, sind alte Zuchttiere nicht mit Respekt zu behandelnde Familienmitglieder, sondern Ballast, dessen man sich so früh wie möglich auf mannigfaltige Art und Weise entledigt. Auch hier ein passender Vergleich: Würden Sie Ihre Oma verschenken, weil sie „es woanders besser hat, wo nicht so viele Menschen sind?"

In der Regel ist Hundezucht ein Hobby, das von vielen in der Durchführung recht professionell und hinsichtlich der Qualität der Hunde und des Umfeldes äußerst erfolgreich betrieben wird – meist aber unter erheblichem Konsumverzicht. So verzichten Hobbyzüchter auf den gemeinsamen Familienurlaub, auf längere Abwesenheit von zu Hause und schließlich oft auch auf eine zentrale Wohnlage, denn Hundezucht ist in der Großstadt oder in verdichteten Siedlungskernen eben nur in Ausnahmefällen möglich. Auch einzelne Familienmitglieder verpflichten sich, aus- und mitzuhelfen. Wenn man nun also weder zum Händler oder zum Zoogeschäft noch zu einem jener Hundesupermärkte-Vertreter gehen soll, die mit blumigen Anzeigen in der Tagespresse allerliebste Welpen jeder gerade modischen Rasse anbieten, darunter auch Extreme wie ganz große, kleine oder haarige Rassen, wo soll man dann anfangen?

Hier müssen Sie, lieber Leser, erst einmal ganz kräftig gelobt werden, denn mit Erwerb und Lektüre dieses Buches haben Sie sich als Mensch erwiesen, der Dinge effizient erledigt, indem er planmäßige und überlegte Schritte in die richtige Richtung tut. Denn in diesem Buch finden Sie die Adressen von Verbänden und Vereinen, die begeistert sind vom Rhodesian Ridgeback und nur darauf warten, Ihnen mögliche weiterführende Literatur und die Adressen der Züchter zu nennen, die in Ihrer näheren Umgebung leben.

Hat es Ihr künftiger Lebensgefährte Rhodesian Ridgeback nicht verdient, daß er von gesunden, typischen und nervenstarken Eltern stammt und daß er im engen Kontakt mit Menschen, in sauberen Verhältnissen, mit Aufenthalt sowohl im Haus als auch in freier Natur heranwächst und vorher im Spiel mit Eltern und Geschwistern seine Grunderfahrungen machen darf?

Erste Regel: *Wenden Sie sich nur an Züchter und Zuchtvereine, die den in diesem Buch aufgeführten Vereinen und Verbänden angehören!*

Die zuvor beschriebenen Bedingungen werden am ehesten von den Züchtern gewährleistet, die den in diesem Buch aufgeführten Vereinen und Verbänden angehören, es handelt sich um Gruppierungen mit den jeweils in ihren Ländern strengsten Anforderungen an Zuchttiere und -stätten, Zuchtverfahren und -kontrollen. Nun haben diese Zuchtverei-

Ridgebacks haben häufig kopfstarke Würfe; allerdings sind 12 Welpen eine echte Bescherung.

ne auch ein großes Spektrum an Mitgliedern, denen sehr unterschiedliche Züchter angehören, was die Seriosität anbelangt. In allen erwähnten Vereinen werden die „schwarzen Schafe", sobald sie als solche erkannt werden, radikal hinausgeworfen. Es tauchen jedoch immer wieder welche auf. Es ist jedoch unwahrscheinlich, daß Sie durch den vom Verein benannten Züchter gerade an einen unseriösen geraten. Generell gilt zunächst: In einem Verein sind Sie gut aufgehoben.

Zweite Regel: *Fangen Sie lange vor dem Zeitpunkt des geplanten Hundeerwerbs mit der Suche nach dem richtigen Züchter an!*

Wie alle Vereine haben auch Rhodesian Ridgeback-Zuchtvereine das bewußte Vereinsleben entwickelt, es werden Veranstaltungen für ihre Vereinsmitglieder organisiert, bei denen Interessenten stets herzlich willkommen sind. Neben den sommerlichen Grillfesten finden fast überall in erreichbarer Nähe gemeinsame Spaziergänge mit den Hunden statt. Und hier ist Ihre Gelegenheit, zu spionieren! Gehen Sie mit spazieren, und schauen Sie sich die Hunde an. Sprechen Sie mit den Hundebesitzern – ich habe noch keinen gefunden, der nicht gerne endlos gerne über seinen Hund redete. Aufgepaßt! Hier finden Sie eine Quelle der unentgeltlichen Beratung durch Leute, die alles schon

selbst erlebt haben und mitunter noch gar nicht so lange über das Stadium der ungewissen Vorfreude hinweg sind, in dem Sie sich gegenwärtig befinden – und Sie sehen das Objekt der Beratung gleichzeitig meist munter um sich herumspringen, als lebenden Beweis oder perfekte Illustration der Erzählungen der Besitzer.

Bei vielen Spaziergängen oder anderen Vereinsveranstaltungen finden sich auch die regional aktiven Züchter der Rasse ein – hier können Sie sie kennenlernen, um herauszufinden, welche davon Ihnen sympathisch sind.

Glauben Sie bitte nicht, Hundezüchter seien andere Menschen als Sie selbst. Nach meiner Beobachtung finden sich Welpeninteressenten immer zu denjenigen Züchtern hingezogen, die ihnen in irgendwelchen Dingen nahestehen.

So zum Beispiel würde ich nie bei einem Züchter kaufen wollen, der nicht liebevoll mit seinen Hunden umgeht und der über den Verkauf hinaus nicht mehr an den einmal von ihm gezüchteten Hunden interessiert ist. Finden Sie jedoch hier einen Züchter, der Ihnen auf Anhieb sympathisch ist und dessen Hunde, vielleicht auch die von ihm gezüchteten Hunde anderer Besitzer, Ihnen gefallen, dann sollten Sie einen Termin vereinbaren, an dem Sie die Hunde und die Zuchtstätte des Züchters besuchen können. Das ist dann der Termin, zu dem Sie sich gut vorbereiten sollten.

Dritte Regel: *Notieren Sie vor dem Besuch beim Züchter alle Fragen, die Ihnen zur Rasse, deren Bedürfnissen, Stärken und Schwächen in den Sinn kommen!*

Nun wird es ernst. Lassen Sie notfalls die ganze Familie den Fragenkatalog zusammentragen, und schreiben Sie sich alles auf. Und eine Sache der Höflichkeit: Kommen Sie pünktlich, und warnen Sie den Züchter vor, wenn dies ein Familienausflug wird oder gar ein Überfall durch Ihre Großfamilie.

Vierte Regel: *Schauen Sie sich gründlich um! Stellen Sie an die Hundezüchter und deren Lebensumstände, an die Wohnungen, Häuser, Zwinger und die Außenflächen dieselben Ansprüche, die Sie bei sich Zuhause stellen! Und stellen Sie an die Eltern Ihres vielleicht künftigen Familienmitglieds dieselben Anforderungen, die Sie an Ihren eigenen Hund stellen würden!*

Hier erleben Sie, wie sauber und abwechslungsreich der nun endlich besuchte Rhodesian Ridgeback-Züchter seine Anlage und die Hunde hält. Wie wohnlich diese auch für die Hunde eingerichtet ist und wieviel Abwechslung die Hunde haben, wieviel Zuwendung die Hunde offenbar von ihrem Züchter bekommen. Achten Sie bei Ihrem Besuch darauf, wie der Rhodesian Ridgeback-Züchter selbst lebt, dieselben Maßstäbe wird er bei der Aufzucht der Hunde setzen.

Hunde, die Ihren Züchter nicht abgöttisch lieben, machen mich mißtrauisch. Selbst Rassen, die in der Beschreibung ihrer rassetypischen Verhaltensweise als zurückhaltend geschildert werden, sind nach meiner Erfahrung ihrem Züchter gegenüber stets freundlich, wenden sich ihm immer wieder zu und sind jederzeit zugänglich. Wenn das offenbar anders ist: Seien Sie indiskret, und fragen Sie, warum sich das Tier hier so verhält.

Beachten Sie nicht nur Sauberkeit, sondern auch den Pflegezustand der Anlagen und ganz besonders den Zustand der Hunde! Ein guter Züchter wendet immer wieder Mittel zur weiteren Perfektionierung seiner Anlagen auf, nicht zuletzt, um es dort für die Hunde schöner und „wohnlicher", aber auch pflegeleichter und damit für sich selbst weniger arbeitsaufwendig zu halten. Verfallen Sie aber nicht dem Irrtum, klinisch reine, laborähnliche Anlagen seien hundegerecht. Was für die Hunde zählt, ist, die „artgerechte Strukturierung", nämlich die abwechslungsreiche, natürliche Umgebung, die dem Hund Anregung zur Nutzung seiner Sinne und Anreiz zur Bewegung bietet. Schon allein aus diesen Gründen sind

Prima Startkapital: Aufzucht anfangs in der Wohnung, die Mutter Johokwe Jenny paßt genau auf!

Zuchtstätten, die ihren Bewohnern nicht freien Ausblick in die Umgebung erlauben, nicht gut genug als Heimstatt „Ihres" Welpen.

Würden Sie ein Kind adoptieren wollen, das bis zu dem Zeitpunkt, an dem Sie es zu sich nehmen möchten, nur in einem fensterlosen Raum lebte und lediglich zum Füttern und Frischmachen von Menschen besucht wurde?

Sie würden zu Recht befürchten, daß dieses Kind aufgrund seiner Lebenserfahrungen und seiner Prägung durch den Menschen gefühlsmäßig verarmt aufgewachsen ist und zeitlebens einen „Knacks" davon behalten wird.

Genauso verhält es sich mit Hunden. Diejenige Hundehaltung, die die Hunde jedes Sichtkontakts mit der Außenwelt beraubt, die den Hunden nicht mehr erlaubt, zu schauen, was um sie herum passiert, ist Tierquälerei. Wer seine Hunde so hält, ist ein Tierquäler, und dort kauft man keine Hunde!

Heruntergekommene Anlagen, ganz besonders aber heruntergekommene Hunde, sind Grund genug, sich auf dem Fuße herumzudrehen und zu gehen. Sie wollen diesen Hunden etwas Gutes tun? Zeigen Sie Zivilcourage! Nehmen Sie Ihren Mut zusammen und sagen Sie, was Sie davon halten: zum Beispiel, daß es Ih-

103

Hervorragend strukturierter Welpenspielplatz, naturnah und abwechslungsreich in Spenglers Zuchtstätte „Zuritamu".

nen zu schmutzig ist, daß es zu sehr nach Urin stinkt, daß es Sie stört, daß alter Kot herumliegt, daß die Zwingeranlagen ungepflegt, die Hunde zuwenig betreut, ihre Umwelt armselig und langweilig erscheinen. Nichts hilft besser als Kritik von außen.

Ich möchte nun auf die Zucht Rhodesian Ridgeback zu sprechen kommen. Die Qualität der Elterntiere und deren Vorfahren bestimmt den vererbten Teil Ihres künftigen Hundes, der nicht durch Aufzucht, Prägung durch Mensch und Umwelt und

schließlich durch Ihre Hundehaltung verursacht wird. Also versuchen Sie sich, soweit dies Laien möglich ist, dessen zu versichern, daß Ihr Hund dem gewünschten Bild entsprechen wird. Lassen Sie sich zeigen, daß die Eltern Ihres Hundes zuchttauglich sind, daß sie möglichst gute Hüften haben (und deren Vorfahren hatten), also möglichst „A" oder „Frei von Hüftgelenksdysplasie", das kann Ihnen der Züchter schwarz auf weiß nachweisen. Lassen Sie sich zeigen, wie die Mutter und der Vater der Welpen auf Zuchtschauen abschnitten. Die Zuchthunde sollten oft und erfolgreich ausgestellt worden sein, möglichst immer die Bestnote „Vorzüglich" oder wenigstens „Sehr gut" bekommen haben. Fragen Sie, ob die körperliche Fitneß der Hündin und des Rüden durch andere Maßnahmen, so z. B. durch eine Ausdauerprüfung geprüft wurde und mit welchem Ergebnis. Wenn Sie höflich danach fragen und nicht wie ein Steuerfahnder, wird sich ein Züchter freuen, Ihnen das alles zeigen und erklären zu können. In Anbetracht der nervlichen Belastbarkeit, die heute oft nicht mehr die der Hunde Cornelius van Rooyens zu sein scheint, ist Ihnen ganz dringend zu raten, daß Ihr Welpe von Eltern, vielleicht auch noch dazu von Großeltern, stammt, die einen rigorosen Wesenstest oder eine gleichwertige Verhaltensbeobachtung eines Zuchtvereins mit Bravour bestanden haben.

Dieser Rat mag dem Autor bei manchen Züchtern und Zuchtvereinen keine Freunde einbringen, ist aber ganz in Ihrem Sinne und im Sinne einer Öffentlichkeitsarbeit für eine gesunde Rasse des Rhodesian Ridgeback! Machen Sie keine Kompromisse, und lassen Sie sich hierfür auch keine zusätzliche Mark abhandeln; von ungeprüften Eltern würde ich keinen Hund haben wollen!

Fünfte Regel: *Züchter, denen an der Zukunft „ihrer" Welpen liegt,*

sind neugierig. Züchter, die Sie vor Abholung Ihres Hundes noch nicht einmal sehen wollen, sollten Sie nicht sehen wollen!

Seien Sie darauf gefaßt, daß der besuchte Züchter Sie detailliert befragt, ob Sie ein geeigneter künftiger und ein zuverlässiger, lebenslanger Gastgeber für den bei ihm so liebevoll aufgezogenen Welpen sind. Er sollte wissen wollen, wo Sie wohnen, mit Garten oder ob Sie eben auf den Spaziergang „um den Block" angewiesen sind.

Er fragt sicher auch, wer bei Ihnen ständig zu Hause ist und wer sich um den kleinen Hund kümmern wird. Wenn er daran denkt, wird er auch wissen wollen, was mit dem kleinen Rhodesian Ridgeback im Urlaub geschieht und nur dann zufrieden sein, wenn der Ridgeback auch in dieser Zeit bei seiner Familie bleiben wird. Wenn nur der Ehemann und die Kinder und nicht auch die Ehefrau dem Züchter einen Besuch abstatten, die später möglicherweise am meisten mit dem Rhodesian Ridgeback verbringen wird, wird er fragen, ob sie damit einverstanden ist, daß ein Hund in das Haus kommen soll.

Sechste Regel: *Wichtige Dinge rechtzeitig schriftlich vereinbaren; in Vertrags- und in Gelddingen einen kühlen Kopf bewahren!*

105

Johokwe Baby Boy ist mit 9 Wochen noch recht handlich – in einem Jahr paßt er nicht mehr auf den Arm!

Wenn Sie sich schließlich entschlossen haben, bei einem bestimmten Züchter einen Welpen kaufen zu wollen, teilen Sie ihm dies bitte schriftlich mit, und nennen Sie ihm Ihre komplette Adresse mit Telefonnummer.

Wenn Sie bestimmte Wünsche hatten, deren Erfüllung Ihnen der Züchter nach Vermögen zugesagt hat, so zum Beispiel vorzugsweise oder ausschließlich einen kleinen Rhodesian Ridgeback-Rüden kaufen zu wollen, dann teilen Sie ihm dies bitte noch einmal schriftlich mit. Aber auch, wenn die Übernahme zu einem bestimmten Zeitpunkt als vereinbart gelten soll oder, wenn Sie den Hund für Ausstellungs- und Zuchtzwecke erwerben wollen. Ein ver-

nünftiger Züchter macht nämlich mit seinen Welpenkäufern einen ausführlichen Kaufvertrag, der alle wichtigen Dinge regelt und der in der Regel auch die Quittung für den doch erheblichen Kaufpreis Ihres neuen Familienmitglieds darstellt. Auch wenn es Verträge als Vordrucke gibt, braucht jeder Züchter Zeit, die Verträge für jeden einzelnen Welpen vorzubereiten. Sie sollten sich also, sobald Sie wissen, daß der Rhodesian Ridgeback-Kauf vom Projekt zur fast greifbaren Wirklichkeit herangereift ist, einen dieser Verträge zeigen lassen und so wichtige Dinge wie die Zahlungsweise vereinbaren.

Manche Rhodesian Ridgeback-Züchter nehmen bei Aussprache der „festen Bestellung" eines Welpen eine

Der Stern des Hungers – zehn Welpen sind bei Ridgebacks nicht selten.

Anzahlung, die als Reuegeld verfällt, wenn Sie sich plötzlich umentschließen. Der Betrag soll die Aufwendungen abdecken, die der Züchter hat, bis er für den Rhodesian Ridgeback-Welpen einen anderen künftigen und passenden Menschen gefunden hat.

Denn ich habe mitunter erlebt, daß sich Leute plötzlich umentschieden und noch nicht einmal den Anstand hatten, den reservierten Welpen abzusagen. Ich weiß, Ihnen wird dies nicht in den Sinn kommen, denn Sie sind ein verantwortungsbewußter Käufer.

Meine Frau und ich haben übrigens in dreiundzwanzig Jahren des Züchtens nie eine Anzahlung erbeten – wir hatten stets mehr Interessenten

als Welpen. Und ich bin schließlich der Meinung, daß bei Anforderung einer Anzahlung dies auch einer schriftlichen Vereinbarung bedarf.

Wenn der Kaufpreis Sie erschreckt: Denken Sie daran, was ein neues Auto Sie kosten würde! Um wieviel eindrucksvoller als ein Auto ist, was Sie hier für einen Bruchteil dieser Summe bekommen: Ein Lebewesen, das mit Ihnen lebt. Und rechnen Sie einmal: Ihr Rhodesian Ridgeback wird Sie jedes Jahr, wie an anderer Stelle bereits erwähnt, rund 3.000 DM kosten. Wenn er zwölf Jahre alt wird, wird er bis dahin rund 36.000 DM gekostet haben – welche Rolle spielt bei solchen Ausgaben schon der in Relation dazu geringe Anschaffungspreis?

Seriöse Züchter nennen übrigens einen Komplettpreis für den Welpen. Darin muß ohne jeden Aufpreis der Abstammungsnachweis (Ahnentafel oder Registrierbescheinigung), die mehrfache Entwurmung (mindestens dreimal vor Übersiedlung zu Ihnen) und die Grundimpfung gegen vier für Hunde lebensbedrohliche Krankheiten (Staupe, Hepatitis, Leptospirose, Parvovirose) enthalten sein. Als Nachweis erhalten Sie bei der Abholung Ihres Rhodesian Ridgeback einen international anerkannten Impfpaß mit Stempel und Unterschrift des Tierarztes, der die Welpen geimpft und betreut hat.

Siebte Regel: *Weit vor dem Kauf eines Hundes sollten Sie sich über Pflege, Haltung und Ernährung informieren!*

Der Züchter wird Ihnen bei Ihrem Besuch gewiß auch sagen, wann der kleine Rhodesian Ridgeback frühestens seine Mutter und Geschwister verlassen darf. Rechnen Sie nach: Wenn der Züchter Ihnen einen weniger als neun volle Wochen alten Welpen überlassen will, ist das nicht in Ordnung. So lange brauchen Welpen neben der Entwicklung ihres vollen Impfschutzes, um im Umgang mit Mutter und Geschwistern die Grundlagen des „Hundeknigges" erlernen zu können. Ohne den können sie hernach nicht problemlos mit fremden Hunde umgehen.

Wenn junge Rhodesian Ridgeback zuchtausschließende Fehler haben, die Sie möglicherweise gar nicht stören, so zum Beispiel einen unkorrekten Verlauf des Ridges oder versetzte crowns, einen nicht lehrbuchmäßigen Gebißschluß oder eine Rutenverdickung, die man gar nicht sieht, ist das dennoch ein Mangel. Jede Ware, die einen oder mehrere Mängel hat, muß weniger kosten als wenn sie makellos wäre. Bei Hunden ist das nicht anders. Ehrliche Züchter weisen Sie auf die Mängel hin und mindern von sich aus den Kaufpreis entsprechend.

Sie haben die Möglichkeit, sich auch selbst zu vergewissern, ob alles in Ordnung war: Der Zuchtwart des betreuenden Zuchtvereins überprüft den ganzen Wurf nebst Hündin, wenn die Welpen mindestens neun Wochen alt sind. Er prüft, ob alle Welpen vorschriftsmäßig geimpft sind. Er kennzeichnet jeden Welpen unveränderlich, meist durch Tätowieren einer Zahl oder Buchstabenkombination in eines der Behänge, künftig vielleicht durch Einsetzen eines reiskorngroßen Transponders. Er stellt aber auch für jeden Welpen einen „Wurfabnahmebericht" aus, den Sie sehen, besser noch in Fotokopie mitbekommen sollten. Auf diesem Bericht steht nicht nur der Befund des Zuchtwarts hinsichtlich Kondition und Pflegezustand der Hündin und ihrer Welpen, sondern auch für jeden Welpen, ob dieser Besonderheiten oder Abweichungen aufwies. Sollte das der Fall sein, müßte der Züchter erläutern, ob diese Abweichung dauerhaft sein wird und welche Bedeutung sie für den Hund und Sie haben kann.

Ist die Abweichung von gesundheitlicher Bedeutung oder schränkt sie die beabsichtigte Verwendung des Welpen so als Zucht- und Ausstellungshund ein, dann sollten Sie entweder verzichten oder eine Minderung des Kaufpreises vereinbaren. Erkundigen Sie sich vor Vertragsunterschrift beim Zuchtverein – zuständig ist hier der Zuchtleiter oder der Hauptzuchtwart – ob die Minderung angemessen ist.

Gesunde Welpen, die von rassetypischen Eltern abstammen, sehen proper, oft pummelig aus, wenn sie abgegeben werden. Als Anhaltspunkt beispielsweise für das Abgabegewicht kann gelten, daß Welpen im Alter von 12 Wochen etwa 13 bis 17 kg wiegen, Rüden oft an der oberen Grenze, Hündinnen mitunter an der unteren Grenze.

Fragen Sie jetzt nach Fütterungs- und Pflegeanleitung. Es ist weitaus besser, wenn man diese Hinweise in aller Ruhe zu Hause durchliest und – auch hier wieder – sich die Fragen aufschreibt, die einem in den Sinn kommen, als wenn man das erst dann tut, wenn der Welpe und damit viel Leben in die Bude eingekehrt sind. Nicht alle Züchter sind freilich so gut organisiert, daß sie das alles schon vorbereitet haben. Für diesen Fall nehmen Sie Block und Bleistift mit und schreiben sich das selbst auf. Wie so etwas aussehen kann, sehen Sie an dem Muster, das wir stets für unsere Welpen den Welpenkäufern mitgegeben haben.

So weiß man, was man am Tag X, jenem bedeutsamem Tag, ab dem Sie einem kleinen Rhodesian Ridgeback gehören, alles im Hause haben muß. Man kann es geruhsam in der Woche einkaufen und muß nicht, wenn der Welpe am Wochenende abgeholt wurde, zum nächsten Flughafen oder Hauptbahnhof rasen, um in den dort noch geöffneten Läden die Welpenerstausstattung zu komplettieren. Viele Züchter geben ihren Welpen ohnehin einen „Notverpflegungskoffer" mit, ein Futtermittelpaket, das sie als Werbung um den Kunden von Kindesbeinen an (erinnert an das Sparbuch der örtlichen Bank mit fünf Mark Guthaben bei der Taufe) von der Futtermittelindustrie zur Verfügung gestellt bekommen.

Eine weitere sinnvolle Vorbereitung ist, sobald Sie wissen, wann Ihr neuer Rhodesian Ridgeback in das Haus kommen wird, auch seine artgerechte Geselligkeit vorzubereiten, die er von der Mutter und den Geschwistern gewohnt war. Lesen Sie daher Wochen vor der Übernahme Ihres Welpen das Kapitel „Welpenspielstunden" in diesem Buch.

Gute Züchter sind ohnehin daran interessiert, daß Sie sich nach der Heimkehr mit dem Welpen bald einmal melden und sagen, wie die Fahrt war und wie sich der kleine Neubürger im Hause zurechtgefunden hat. Sorgfältige Züchter verlangen gar, daß Sie den Welpen bald nach ihrer Ankunft Ihrem Tierarzt vorstellen und seine Bestätigung einholen, daß mit seinem neuen Patienten alles in Ordnung ist.

In Deutschland gilt ganz eindeutig folgendes Gesetz: Erkenntliche Mängel an der Sache, hier am Hund, müssen innerhalb von sechs Monaten (nach Inkrafttreten neuer europäischer Regeln jedoch innerhalb von zwei Jahren), von Übernahme des Hundes an gerechnet, gerügt werden. Eine spätere Klage gilt nicht, jedenfalls nicht vor Gericht.

Leider kommen nicht alle der in deutschen Familien lebenden Rhodesian Ridgebacks aus kontrollierten Zuchtstätten, in denen sie als Zuchttiere artgerecht gehalten und mit bester Prägung auf den Menschen und mit Kontakt zur Außenwelt aufgezogen werden. Noch immer werden höchst erfolgreich von vordringlich am Kommerziellen orientierten Tierzüchtern Produkte über den Tierhandel oder über Zeitungsannoncen vertrieben. Dabei wird deren Entscheidung, ob Hunde oder Schweine gezüchtet werden, nur vom möglichen Ertrag bestimmt.

Wohlgemerkt, die Vermarktung geschieht durchaus problemlos, aber das Elend, das mit der Vermarktung einhergeht, bekommen der Welpeninteressent oder der Käufer nicht zu sehen.

Das will gleichwohl nicht heißen, daß diese Hunde die Wochen nach der Vermarktung problemlos überstehen. Denn einerseits, wie zuvor bereits angemerkt, durchlaufen diese Hundekinder von ihrer meist erbarmungswürdigen Zuchtstätte an über den „Versand" bis zu den gefühlskalten Verkaufsstätten viele Umgebungen mit jeweils höchst unterschiedlichem Keimmilieu, die sie erst einmal überstehen müssen. Da kommen nur die Robusten durch.

Andererseits kommen vielleicht, neben den offenbar noch nicht erkrankten, auch gerade die mit hoher Überlebensfähigkeit bis zum „Endverbraucher", die Welpen also, die „nichts umbringt". Das sind dann die, die bis dahin schon alles überstanden haben, von ihrer Aufzucht angefangen bis hin zu den vielfältigen Gesundheitsgefahren. Den arglosen Käufern jedenfalls wünsche ich eher so einen Welpen mit robuster Gesundheit und nicht einen jener vielen, deren erstes Abenteuer auch ihr letztes war – oder die mit massiver Hilfe des Tierarztes und aufopfernder Pflege ihrer neuen Familie dieses Abenteuer gerade mit knapper Not bestanden.

Dennoch sind nur die wenigsten dieser Rhodesian Ridgebacks „schöne" und „typische" Hunde, wie Sie sie allenthalben auf den Fotos in diesem Buch finden können, obwohl sie genauso geliebte Familienmitglieder sein können wie die, die wohlbehütet bei sorgfältigen Züchtern aufwuchsen. Solche Welpen haben aber, wohlgemerkt, selten weniger gekostet. Sie fressen nicht weniger als ein typischer Welpe, den sie bei einem sorgfältigen Züchter erwerben. Eines jedoch hat in der mir bekannten Vergangenheit wenigstens in Deutschland bei solchen Hunden nie funktioniert: die erfolgreiche Verwendung in der Zucht.

Die „Moral aus der Geschicht"? Wenn Sie auch nur die klitzekleinste Absicht haben, außerhalb des Hauses mit dem Hund an die kynologische Öffentlichkeit zu treten, kaufen Sie sich einen Hund über eine der hier im Buch angegebenen Adressen.

Der Rhodesian Ridgeback wächst heran

Diese Hunde zählen zu den schnellwüchsigen Rassen. Ein Welpe wird mit etwa 500 oder 600 Gramm geboren und nimmt innerhalb der nächsten 12 Monate um das Sechzigfache auf 36 bis 38 Kilo Endgewicht zu.

Das ist bei einem Chihuahua ganz anders, der, mit 150 Gramm geboren, in etwa in derselben Zeit bis zu einem Endgewicht von ca. 2,5 kg heranwächst, das ist nur etwa das Sechzehnfache. Und eine untermittelgroße Rasse, der Beagle, wird mit etwa 350 Gramm geboren und nimmt insgesamt 14 kg zu, das ist das Vierzigfache.

Wenn also der Ridgeback so schnell so viel an Gewicht und Größe zunimmt, ist schon allein durch die Arbeit des Wachsens der Organismus gehörig beansprucht. Die Knochen bauen sich langsam auf, werden immer fester, aber eben nur langsam. Es ist daher wichtig, den jungen Hund nicht übermäßig zu beanspruchen und auch nicht übermäßig zu füttern, denn auch das Körpergewicht kann ja nur von diesen, erst langsam wachsenden und fester werdenden Knochen getragen werden.

Und bei jeder Bewegung ziehen ja auch noch Muskeln, Sehnen und Bänder an diesen Knochen, damit unser Ridgeback richtig funktioniert.

Nach meinen Erfahrungen erfordert das Heranwachsen des Rhodesian Ridgeback immer genügend, aber nicht zuviel Futter. Als Faustregel gilt auch hier: Man muß die Rippen immer ahnen können, darf sie aber nicht sehen können. Noch sicherer ist eine Begutachtung des Heranwachsenden durch erfahrene Züchter oder Zuchtrichter, die doch mehr spezifisches Wissen von der Rasse haben als manche Tierärzte. Es sei denn, diese besäßen selbst einen Rhodesian Ridgeback.

Nun soll ja unser Ridgeback nicht in Watte gepackt werden, denn er soll ja schließlich zu einem kräftigen und robusten Löwenhund heranwachsen. Also braucht er einerseits körperliche Bewegung, andererseits genügend Ruhe und Schlaf, um heranzureifen. Nach Erfahrung der Züchter aller Rassen erhält er beides am ehesten, wenn er mit einem anderen Rhodesian Ridgeback zusammenlebt und mit diesem spielen kann. Dann nimmt er sich auch die Auszeiten, wann er sie braucht.

Und im Spiel wird ein Welpe körperlich am vielseitigsten beansprucht. Das ist auch eines der Geheimnisse, die bei allen Rassen bewirken, daß sich der beim Züchter verbliebene Welpe in der Regel besser entwickelt als sein Geschwister, das verwöhnter Einzelhund in der Familie wurde.

Also braucht ein Rhodesian Ridgeback-Welpe körperlich vielseitige Beanspruchung, aber in Maßen. Dies gilt ebenso für die Ernährung. Die Bewegung verschafft man ihm optimal, wenn man nach dem Auslaufen der Welpenspielstunden einen Hundetreff organisiert, zu dem sich immer dieselben Hunde während der Zeit ihres Heranwachsens regelmäßig treffen, sich daher schon lange kennen und daher ohne Probleme miteinander spielen.

Natürlich ist das nicht immer möglich, und in diesem Fall ist eben der ausgedehnte, regelmäßige und lange Spaziergang die zweitbeste Lösung. Hier ist ein Wort der Vorsicht angebracht: Bis der Welpe vollständigen Impfschutz hat, das ist in der Regel am Ende der 12. Lebenswoche, sollte er nur mit großer Vorsicht nach draußen gebracht werden. Nach der vollen Immunisierung hat er aber bald alle Abwehrstoffe, die er braucht, und dann kann er raus!

Beginnen Sie mit der Spaziergangsdauer langsam, steigern Sie sie mit Augenmaß, wenn der Welpe offenbar an Kondition zulegt. Bei einem Welpen von etwa sechs Monaten, der regelmäßig täglich seinen Spaziergang hatte, können Sie wahrscheinlich gar nicht mehr so lange laufen, bis der Ridgeback an die Grenzen seiner körperlichen Leistungsfähigkeit stößt. Insofern ist er schon ganz gut gefestigt.

Aber es gibt doch Dinge, die man bis zum ersten Geburtstag besser unterläßt. Dazu gehört das Mitlaufen am Fahrrad, das auch beim erwachsenen Rhodesian Ridgeback niemals so schnell geduldet werden sollte, denn der Ridgeback darf nicht in den „Galopp" verfallen – das wäre zuviel des Guten für jeden, insbesondere aber für einen körperlich noch nicht ausgereiften Hund. Zuviel wäre aber auch jede Form der Sprungaktivität, die mehr ist als das, was der junge

Rhodesian Ridgeback von selbst ausübt. Ridgebacks sind, und das weiß man heute, hinsichtlich der Entwicklung ihrer Schulter- und Ellbogengelenke mitunter empfindlich, und da ist jede Sprungaktivität gefährlich, denn Schäden an diesen Gelenken in der Jugend sind in der Regel nicht mehr zu beheben.

Es muß auch davor gewarnt werden, dem jungen Rhodesian Ridgeback irgendwelche Zusatzfuttermittel zu verabreichen, die etwa die Knochenentwicklung fördern sollen. Solche Dinge nutzen nur denen, die sie herstellen und vertreiben und schaden oft mehr als sie nützen könnten. Nach aller Kenntnis, die ja der aus der Entwicklung junger Hochleistungssportler bekannten Problematik haargenau entspricht, werden so die falschen Dinge zu früh beschleunigt, es kommt zu einer unharmonischen, ja widernatürlichen Entwicklung. Im besten Falle nützen solche Mittelchen gar nichts und schaden auch nicht – aber dann kosten sie dennoch ordentlich Geld.

Zum Verhalten des heranwachsenden Hundes muß an dieser Stelle gesagt werden: Vieles, was bei einem Welpen putzig ist, ist beim halbwüchsigen und beim erwachsenen Hund ganz unerträglich. Dazu zählt das Hoch- oder Anspringen. Dieses ist den Hunden zwar in das Grundrepertoire ihres Verhaltens von der Natur mitgegeben, aber vielen Leuten, die vor Hunden Angst oder doch zumindest Respekt haben, ist dies unangenehm und wird sogar als Bedrohung empfunden. Leuten, die Hunde mögen, mag dies zwar nicht bedrohlich erscheinen, sie mögen aber dennoch keine zwei schmutzige Pfoten an ihrer Kleidung. Auch hier gilt wieder der bereits erwähnte Grundsatz: Beim Welpen nichts erlauben, was der erwachsene Hund später nicht tun soll.

Im vorliegenden Fall kann dies nur mit inhumanen Mitteln abgewöhnt werden. Es ist daher besser, ein solches Verhalten von Anfang an nicht zu fördern oder zu belohnen. Eine Belohnung ist aber bereits, wenn der hochspringende Hund gestreichelt wird. Also: Gestreichelt werden darf der Rhodesian Ridgeback-Welpe nur, wenn er auf seinen vier Pfoten steht oder wenn er sitzt. Als Abwehr für das Hochspringen reicht das „Nein!" und das Zurücktreten um einen Schritt, um den Sprung in das Leere gehen zu lassen. Auch das Halsband wird für den Spaziergang nur dann angelegt, wenn der Hund steht oder sitzt.

Zur Aufzucht eines Hundes gehört neben der Erziehung oder der „Stubendressur", wie ich gerne so altertümlich sage, auch die geistig-seelische Einführung des jungen Hundes in die Welt. Wenn der Welpe aus einer guten Zuchtstätte kommt, kennt er von dort schon alle Haushaltsgeräusche wie Staubsauger, Küchenmaschine, Radio und Fernseher. Und er kennt die Geräusche und Erscheinungsformen der Verkehrsmittel wie Auto, Fahr- und Motorrad, LKW und Zug, aber auch das Geräusch von Flugzeugen. Idealerweise, und das kann ein Welpenkäufer durchaus als Testwunsch noch beim Züchter äußern, ist der Welpe bereits schußgleichgültig. Das kann man, in gewissem Rahmen, antrainieren. Aber wir wollen ja schließlich, daß der Rhodesian Ridgeback ein ruhiger und welterfahrener Begleithund wird. Das von mir stets propagierte Beispiel sind die in vielen Städten zu beobachtenden Hunde der Nichtseßhaften. Die sind stets unangeleint, gehen ständig mit anderen Menschen und Hunden um, haben viel Lebenserfahrung, sind stets bei Ihren Menschen und sind daher souverän in ihrem Verhalten. Also ist die folgerichtige Lehrweisheit, daß wir nach Möglichkeit unseren Rhodesian Ridgeback überallhin mitnehmen können und sollten. Und das schon von Anfang an. Nur ein Hund, den man alles kennenlernen läßt, was heute unsere Umwelt ausmacht, wird zum neidisch bewunderten Begleithund und souveränen Beobachter. Nur ein solcher Hund rollt sich auch im Restaurant still unter dem Tisch zusammen und schläft, während die Familie tafelt: Es ist durchaus ein erstrebenswertes Lebensziel für einen Hund,

zum perfekten Kneipenhund zu werden, dann darf er nämlich immer mit.

Das waren nun die Ratschläge, die den Hund selbst betrafen. Hier fehlen aber noch die Dinge, die Sie und Ihren Haushalt betreffen. Leute, die schon lange und immer wieder Hunde besaßen, haben ihren Haushalt so gestaltet, daß Hunde allen Alters weder in Versuchung kommen etwas anzustellen noch daß die Folgen der Hundehaltung allzuschwer zu beseitigen sind.

Dazu zählen z. B. Schuhe und Kleidungsstücke, die man während des frühen Heranwachsens ohnehin außer Reichweite aufbewahrt, sofern man diese noch tragen möchte. Es wäre töricht, dem Hund alte Schuhe oder Textilien zum Spielen oder Zerstören zu überlassen: Woher soll Ihr Hund wissen, daß Ihr neuer Armani-Pullover noch getragen werden, Ihre englischen Maßschuhe noch nicht zerkaut werden sollen? Aus diesem Grund sollte man lieber Hundespielzeug und Kauartikel ausgeben, die eindeutig nur dem Hund zustehen.

Teppiche mit Fransen haben magische Anziehungskraft für Hunde; sie halten Fransen für überflüssig und nagen sie ab. Außerdem scheint es, daß Hunde meinen, alle Teppiche sollten abgerundete Ecken haben – daran arbeiten sie wenigstens. Wenn Sie andere Vorstellungen haben, räumen Sie die Teppiche besser weg, bis Ihr Ridgeback aus dem Flegelalter heraus ist. Und das dauert eine Weile, es beginnt mit Übernahme des Welpen und endet oft erst mit einem Jahr.

Glastische in Hundeschnauzenhöhe sind unpraktisch – man ist stets darunter, um die Nasenabdrücke wegzuwischen. Tische in dieser Höhe bedeckt man auch besser nicht mit Artikeln wie Trüffelleberwurst oder Pralinen – Wie soll der Hund da fasten, wenn Sie es auch nicht tun?

Die Tür zum Schlafzimmer läßt man besser nicht offen. Ridgebacks finden als erstes heraus, daß Betten am meisten nach ihren Menschen riechen, als zweites und das dauerhaft, daß man darauf prächtig und gemütlich liegen kann. Und man kann von dieser erhöhten Position aus alles noch viel besser überblicken.

Kühlschränke und Mülleimer sollten dicht und fest schließen. Nicht, daß Hunde alles aus dem Kühlschrank fressen würden! Sie fressen nur die guten Sachen, unsere Hunde hatten eine eigene Prioritätenliste mit Butter, Castello blue, Parmaschinken, Leberwurst, Hühnereier. In dieser Reihenfolge. Es ist noch kein Hund an die Light-Produkte gegangen, wenn leckere fetthaltige zu haben waren. Hunde wissen, was gut ist. Mülleimer sind für den Wolfsabkömmling Hund ebenfalls wunderbare Behältnisse. Die Gerüche dort gefallen jedem Hund besser als die im Bade-

zimmer. Und die Menschen werfen vieles weg, was man noch so gut verwerten kann! Daher empfehlen sich Schwingdeckelabfalleimer oder solche, die fest schließen.

Zubehör und Extras

Es sei an dieser Stelle einmal erwähnt, daß Ridgebacks am besten gedeihen, wenn sie – neben ihren Menschen – einen Hund als Spielgefährten hätten.

Genaugenommen ist ein zweiter Hund kein Zubehör, aber er ist eine Lebenshilfe, die man dann erwägen sollte anzuschaffen, wenn der erste Hund aus dem Flegelalter heraus ist und beginnt, ruhiger zu werden. Ridgebacks sind keine Einzelgänger, sie gewöhnen sich an jede andere Hunderasse, ob groß oder klein. Aber noch schöner als ein Ridgeback sind natürlich: Zwei Ridgebacks!

Dennoch bin ich mir dessen bewußt, daß ein Hund in der Familie heute durchaus gesellschaftlich akzeptiert ist. Mit zwei Hunden ist man schon ein ganzes Stück außerhalb der Normalität. Und zwei Rhodesian Ridgebacks haben ja auch in der Wohnung, im Haus und im Auto einen erheblichen Platzbedarf.

Für draußen. Wenn Sie dieses Buch bis hierhin gelesen haben, wissen Sie, daß der Rhodesian Ridgeback aus Afrika kommt. Ihrer wohl nicht, aber die Rasse schon. Dort ist es meistens warm, jedoch nachts nicht und auch nicht in allen Regionen und Höhenlagen des Kontinents. Dennoch sagt der Rassestandard zum Haarkleid: „Sollte kurz und dicht sein, glatt und glänzend im Aussehen, aber weder wollig noch seidig." Wenn man weiß, daß Haare nur dann wärmedämmend wirken, wenn sie überhaupt vorhanden sind und zwischen den Haarschichten möglichst viel Luftzwischenräume erlauben, weil unbewegte Luft ein schlechter Wärmeleiter ist, dann weiß man somit, daß der Rhodesian Ridgeback leicht friert. Denn die Haare sind eben kurz – längere Haare würden mehr Luftzwischenräume bilden, die Körperwärme des Hundes würde weniger gut nach außen abfließen. Nun habe ich in Skandinavien im Winter schon Rhodesian Ridgebacks auf Zuchtschauen gerichtet, die offenbar mehr im Freien gewesen waren als in einer warmen Hütte. Diese Hunde hatten tatsächlich, notgedrungen wohl, eine dickere Lage Unterwolle entwickelt, sahen damit aber ungewohnt aus. Denn die glatten, glänzenden, fast poliert wirkenden Fellflächen des Rhodesian Ridgeback gehören eben auch zum Rassetyp.

Also sollten Sie, wenn Sie sich schon einen Rhodesian Ridgeback leisten, diesen auch artgerecht halten. Dazu gehört, daß er im wesentlichen im Haus lebt, denn sonst wird er auch nicht die erwünschte enge Bindung zur Familie entwickeln, die eine seiner Kardinaltugenden ist. Ein Zwinger ist in meinen Augen, nach vielen Erfahrungen in der Hundehaltung, eine Form der Vernachlässigung von Hunden und nur akzeptabel, wenn er ausschließlich der kurzzeitigen sicheren Verwahrung von Hunden zu deren eigenem Schutz dient. Wo immer der Rhodesian Ridgeback sich aufhalten soll, er benötigt die Anforderungen, die auch die in Deutschland gesetzlich bindende „Verordnung zum Halten von Hunden im Freien" und darüber hinaus die „Mindesthaltungsbedingungen" der Rhodesian Ridgeback-Vereine beschreiben. Es handelt sich dabei z. B. um Schutz vor Witterung, gesunderhaltende Liege- und Rückzugsflächen, frisches Wasser und saubere Umgebung, keine Einschränkung von Sicht- und Hörverbindungen zur Außenwelt. Das alles schulden Sie Ihrem Hund ohnehin. Am besten ist ein Rhodesian Ridgeback im Haus oder in der Wohnung aufgehoben.

Wenn Sie mit Ihrem Hund hinausgehen, und das will er möglichst oft und lange, braucht Ihr Hund eigentlich nichts außer einem guten Halsband. Die Leine benötigt nicht er, sondern Sie, damit Sie ihm nicht verlorengehen. Am schönsten sieht ein sattlermäßig handgenähtes Naturlederhalsband mit Messingbeschlägen und die passende Leine dazu aus.

Ridgebacks sind keine Einzelgänger: Carango of Kimbida mit einem zwar kleinen, aber guten Spielgefährten.

Aber praktischer ist ein Halsband aus Nylonband mit Steckverschluß, besser noch in der Weite verstellbar, und die passende Leine dazu – sie sind weniger schmutzempfindlich und nässefest. Beim Welpen werden Sie ein eigenes kleines Halsband anschaffen müssen, aus dem er dann irgendwann trotz Verstellbarkeit herausgewachsen sein wird. Aber das sind ja noch die geringsten Kosten. Fragen Sie den Züchter Ihres Hundes vor dem Abholen nach dem Halsumfang des Welpen.

Bei der Leine sollten Sie darauf achten, daß sie genügend Volumen hat, so daß Sie sie gut festhalten kön-

nen und daß sie eine Vorrichtung hat, damit Sie die Leine, solange Ihr Hund frei läuft, um die Schulter hängen können. Lederleinen sind schön stabil und werden mit zunehmender Patina immer schöner. Aber sie haben viel Volumen und werden, wenn sie zur Pflege eingeölt sind, bei Nässe etwas seifig. Auch hier erscheinen Leinen aus Nylonbändern praktischer. Eine solche Leine kann man klein in der Tasche zusammenrollen, sie wird bei Regen nicht schwerer. Man kann sie auch gut waschen, und dann ist sie wieder fast wie neu. Über die Farbe sage ich lieber nichts, seit ich einmal einen Rhodesian Ridgeback mit einem breiten lila Halsband mit Glas„edelsteinen" sah!

Ich rate auch von Geschirren ab, insbesondere solchen, die den Hund am Kopf führen. Sie funktionieren zwar, aber erwecken den Hundelaien gegenüber den Eindruck, es handle sich um eine besonders schwierige, ja aggressive Rasse, die besonderer Disziplinierungsmaßnahmen bedürfte. Also bitte allein schon aus Gründen der Öffentlichkeitsarbeit keine Geschirre!

Am Halsband können Sie ganz gut Ihre Telefonnummer einsticken lassen oder auf einem Anhängeplättchen verzeichnen, das mit der Impfmarke zusammen befestigt wird. Den Namen des Hundes habe ich nie verzeichnet: Wenn jemand meinen Hund stiehlt, soll er nicht noch wissen, wie er sich rufen läßt!

Weiterhin kann ich Ihnen nur raten, im Rahmen der Allgemeinerziehung Ihren Hund auf Pfeifsignale zu trainieren. Metallpfeifen, insbesondere verchromte, die Signale im für Menschen nicht hörbaren Bereich erzeugen, sind schön, frieren aber an bitterkalten Tagen gern an den Lippen fest. Besser sind traditionelle Pfeifen, die aus Horn gefertigt sind und die man sich mit einer Lederschnur gut um den Hals hängen kann.

Vor dem Abschluß dieses Kapitels möchte ich auf ein „anrüchiges" Thema zu sprechen kommen: den Hun-

dekot. Große Hunde erzeugen ein erhebliches Kotvolumen. Nun stört dies niemanden, wenn Ihr Hund dieses in Ihrem Garten absetzt und Sie dies alsbald beseitigen. Aber draußen hat niemand den Hundekot wirklich gerne, von den Fliegen einmal abgesehen. Die Viehhalter mögen es nicht, wenn solche Hinterlassenschaften ihre Weidetiere diese Stellen meiden lassen. Die Ackerfrucht kann nicht geerntet werden, wenn sie verunreinigt ist. Die Leute, die den Rasen mähen, mögen das Zeug weder im Grünschnitt noch wenn es ihnen um die Ohren fliegt. Die Gärtner mögen nicht, wenn sie beim Unkrautjäten in Hundekot treten oder greifen. Kein Mensch findet es appetitlich, wenn er solche Dinge in seinem Beet oder Vorgarten findet. Auch Sie als Hundehalter treten nicht gerne hinein, auch nicht, wenn Sie vom Bordstein hinuntergehen.

Die schlechteste Öffentlichkeitsarbeit betreiben diejenigen Hundebesitzer, deren Hunde sich auf Kinderspielplätzen versäubern, auf Gehwegen oder mitten auf verkehrsreichen Flächen. Obwohl ich ein ausgewiesener Hundefreund bin, habe ich volles Verständnis dafür, daß Leute, die Hunden gegenüber zunächst neutral eingestellt waren, so schließlich doch zu Hundefeinden werden. Und das haben die uneinsichtigen Hundebesitzer, die nicht ein Mindestmaß an selbstverständlichen Manieren besitzen, verschuldet. Ich möchte Sie, lieber Leser, ermutigen, laut und deutlich Kritik an Hundebesitzern zu üben, die die Hinterlassenschaften ihrer Hunde weder wegräumen noch korrekt entsorgen.

Es sollte selbstverständlich sein, daß Sie den Kot Ihres Hundes draußen beseitigen. Was in Skandinavien schon längst geübte Praxis ist, wird auch hier niemandem einen Zacken aus der Krone brechen! Also gehört zur normalen Spazierengeh-Ausrüstung eine Rolle von möglichst undurchsichtigen waschhandschuhgroßen Plastikbeuteln. Wenn sich Ihr Hund löst, stecken Sie also als zivilisierter Hundebesitzer Ihre Hand in einen solchen Beutel, umfassen das Corpus delicti und ziehen den Beutel wie der Chirurg seinen Gummihandschuh vom Rand her umstülpend über die Hand, machen einen Knoten hinein, und dann können Sie das Ganze guten Gewissens im nächsten Mülleimer entsorgen. So kann kein Hundefeind geltend machen, daß Hunde alles vollsch…, und er entwickelt sich möglicherweise wieder zum Hundefreund.

Der vollständigen Ausrüstung auch nur eines einzelnen Hundes sind schlechterdings keine Grenzen gesetzt. Von den grundsätzlichsten Ausstattungsstücken selbst gibt es, insbesondere beim Zubehörhandel, den man am besten bei Hundeausstellungen durchstöbert, die edelsten

Versionen und auch das Gegenteil. Alles eine Frage des Geschmacks und des Geldbeutels. Aber es soll Ihnen überlassen bleiben, zu entscheiden, was bei Ihnen und für Ihren Hund angemessen ist.

Für drinnen. Bei Ihnen zu Hause liegt der Rhodesian Ridgeback vermutlich dekorativ auf Ihrem Berberteppich oder wie meine Hunde auf dem Ledersofa, das eigens (Büffelleder hält am meisten aus) mit Rücksicht auf die Hunde angeschafft wurde. Wenn es draußen kalt ist, liegen sie am liebsten auf dem Boden, weil wir Fußbodenheizung haben.

Alternativ paßt für Ihren Hund eine Liegekiste mit geeignetem Einstieg; sie muß so groß in der Grundfläche sein, daß Ihr erwachsener Rhodesian Ridgeback ausgestreckt darin liegen kann. Da hinein gehört eine nachgiebige Matte, so zum Beispiel aus Recyclinggummi, die keine Feuchtigkeit aufnimmt. Solche Matten haben sich bei uns auch als wetterfeste Außenliegeflächen bewährt; bei Verwendung solcher Liegeflächen kommt es nicht zu häßlichen Liegeschwielen. Drinnen gehört noch ein Liegefell auf die Matte; bewährt haben sich Polyesterfelle, umgangssprachlich bei Hundekennern mit dem Markennamen der Ersterfinder „vetbed" genannt. Diese Felle kann man in der Waschmaschine waschen, sie sind ziemlich unzerreißbar und halten wirklich lange. Gleichwohl gibt es für die Zeit des Heranwachsens und für den Ihnen nicht zu wünschenden Fall, daß Sie Besuch von Leuten kriegen, die vor Ihrem Hund Angst haben oder ihn gar nicht mögen, eine sichere und erprobte Lösung: den Klappkäfig. Es gibt tatsächlich im Zubehörhandel einen zusammenklappbaren Käfig aus verchromtem Stahlgitter, den man zusammengeklappt wie einen Koffer am Griff davontragen kann. Aufgeklappt kann ein erwachsener Rhodesian Ridgeback darin stehen oder liegen, Zugang erfolgt durch eine gesicherte Tür an der Giebel- oder Längsseite. In diesem Käfig bleibt ein Ridgeback-Welpe sicher und auch dicht.

Ein solcher Käfig bietet sich auch an, wenn Ihr Hund gerade vom Spaziergang kam, jetzt müde ist und der Ridgeback-Besitzer einmal etwas erledigen möchte, ohne auf den Kleinen aufpassen zu müssen. Er hält über Nacht dicht, weil Hunde als Nesthocker (Tiere, die in ihrer frühen Kindheit in einem Nest aufwachsen) so veranlagt sind, daß sie ihr Nest nur in extremen Notfällen beschmutzen. Ein Ridgeback-Welpe wird also eher winseln, damit sie ihn hinauslassen, als in seinem Käfig zu Wasser zu lassen oder Größeres dort zu vollbringen. Also ist es mehr als ratsam, sich so etwas zu kaufen (Preis 1997 etwa 300 DM). Die erforderliche Länge und Höhe messen Sie am besten am erwachsenen Rhodesian Ridgeback ab.

So ein Käfig ist auch prima, wenn Sie das Frachtabteil Ihres Kombiwagens nicht ausschließlich Ihrem Ridgeback zuteilen wollen oder wenn Ihr Ridgeback dazu neigt, am Ziel der Fahrt beim Öffnen der Heckklappe kopflos hinauszustürzen. In diesem Fall ist ein Käfig Gold wert, denn Ihnen bleibt mein Erlebnis erspart, bei dem einmal mein Hund aus dem Frachtabteil sprang, über die Straße rannte, weil er auf der anderen Straßenseite zu seiner Freude einen Hund sah, und prompt überfahren wurde. Der Käfig kann so in aller Ruhe geöffnet werden, und wenn man die Leine bereithält, droht keine Gefahr. Im Sommer ist es besser für den Hund, wenn Sie die Heckklappe offen lassen, dann hat Ihr Ridgeback ausreichend Sauerstoff.

Schließlich werden Sie Ihren Käfig schätzen, wenn Besuch kommt, der vielleicht keine Hunde mag, und auch weil Sie Ihren Hund nicht wegsperren müssen. Auf diese Weise kann der Rhodesian Ridgeback alles sehen, fühlt sich nicht ausgeschlossen und ist, da er an den Käfig als Aufenthaltsort gewöhnt ist, wenn er seine Ruhe haben will, zufrieden.

Was braucht man noch zu Hause? Pflegemittel nur wenig, denn einen schmutzigen Ridgeback kann man mit einem feuchten Handtuch schon gut sauber bekommen. Aber ab und zu muß man ihn dann doch waschen, so z. B. wenn er sich in Kot gewälzt hat, oder was Hunde sonst noch als „delikates Parfüm" betrachten. Dann muß er gewaschen werden, und das tut man am besten mit einem eigens dafür gekauften Shampoo. Im Notfall tut es auch ein mildes Haarshampoo der Zweibeiner. Auf den Duft brauchen Sie hierbei nicht zu achten: Hunde hassen Parfüm. Dann ist es wohl am besten, wenn Sie ein Shampoo erwerben, das einen deutlichen Anteil von Eukalyptusöl enthält. Denn sämtliche Hundeparasiten hassen Eukalyptusöl; leider ihr Hund auch, er riecht dann eben wie ein großes, bellendes Hustenbonbon.

Für die Fellpflege des Ridgeback müssen Sie nicht viel investieren: Man braucht nur einen „houndglove", einen groben Waschhandschuh mit einer einseitig eingearbeiteten dichten Sisalbürste, und, für Zeiten des Haarwechsels, also meist im Frühjahr, eine Gumminoppenbürste mit drei konzentrisch angeordneten Reihen von Gumminoppen. Damit gehen die losen Haare beim Spaziergang oder im Garten prima raus. Im Frühjahr schätzen die Vögel die ausgekämmten Hundehaare sehr als Nestpolsterung.

Im Sommer suchen den Rhodesian Ridgeback die lästigen Zecken heim. Hier ist einer der großen Vorteile der Rasse willkommen: Das kurze, sehr glatte Fell läßt sich beim oder nach dem Spaziergang gut nach Zecken absuchen, bevor sie sich eingenistet haben. Sind sie bereits eingebohrt, können Talentierte sie von Hand entschlossen drehend herausziehen, Anfänger lassen es sich von solchen Routiniers am besten zeigen.

Ich bin kein Freund der Flohhalsbänder, die die Hunde dann immer mit sich herumtragen; akzeptabel ist jedoch, dem Hund so etwas für den Spaziergang anzulegen und es danach wieder in einem dicht schließenden Marmeladenglas zu verwahren. Manche dieser Halsbänder verlieren allerdings nach einem Bad des Hundes drastisch an Wirksamkeit. Flöhe sind bei Hunden und ihren Haltern mitunter ein Problem. Hierfür hat Ihr Tierarzt jedoch inzwischen probate Lösungen; am längsten und zuverlässigsten hilft ein Medikament, das beim Hund durch die Haut dringt und das ihn für den Floh zu einem tödlichen Leckerbissen macht.

Das Image der Rasse in der Öffentlichkeit

Ein Ridgeback schmust nur mit seiner Familie. Gegenüber Leuten, die ungefragt und unangemeldet in das Haus kommen oder plötzlich im Garten stehen, ist er ein imposanter „Wegversteller". Ridgebacks, das sei hier wiederholt, sind nur zu ihrer Familie und zu den Leuten, die von ihnen als dazugehörig eingeführt werden, freundlich. Mir ist das bezeichnenderweise beim Richten von Rhodesian Ridgebacks aufgefallen, als ich den Besitzer eines mächtigen Rüden bei der Zahn- und Hodenkontrolle immer wieder besänftigend zu seinem Rüden sagen hörte: „Der darf das, der darf das!" Die Ridgebacks sind eigentlich ruhige, aber immens selbstsichere Hunde, wenn sie so erhalten bleiben, wie sie uns die Väter der Rasse zur Bewahrung übergeben haben. „Rock steady", beständig wie ein Felsblock, mit hoher Reizschwelle, stehen diese Hunde auch in kitzligen Situationen ihren Besitzern zur Seite, und auch deshalb haben Künstler sie auf dem Voortrekker-Denkmal in Stein gehauen: als Teil der Burengeschichte Südafrikas, als Begleiter der „Voortrekker" und als ihre tapferen Helfer. Auch heute sind diese Hunde nur tapfere Helfer ihrer Menschen, es wäre entsetzlich, wenn diese Kraft und Behendigkeit in Aggression umgemünzt würde. Glücklicherweise gehören diese Hunde meist Menschen, die ihren Standpunkt und ihre Rolle in der Gesellschaft schon gefunden haben und in deren Kreisen Aggression verpönt ist. Aggression gegen Menschen ist für diese Rasse völlig untypisch. So erscheint mir die Entscheidung unverständlich, daß der Rhodesian Ridgeback zum Beispiel im Bundesland Bayern als „Kampfhunderasse" verboten ist bzw. seine Haltung stark erschwert wird.

Jeder Ridgeback-Besitzer muß zum Förderer der Rasse werden!

Ich teile die Weltanschauung John D. Rockefellers (jr.): „I believe that every right implies a responsibility, every opportunity an obligation, every possession a duty". Was übersetzt soviel heißt wie: „Ich glaube, daß jedem Recht eine Pflicht innewohnt, jeder persönlichen Möglichkeit, jedem Besitz eine Verpflichtung."

So haben die Besitzer des Rhodesian Ridgeback auch Verpflichtungen. So genügt es nicht nur, ihren Dank an Ihren Hund für all die schönen Augenblicke, die sie mit ihnen erleben, zu äußern, sondern Sie sollten sich auch zur Förderung der Rasse und der Ridgeback-Zuchtvereine, die sich stets selbstlos um diese schönen Hunde kümmern, verpflichtet fühlen. Dies wäre beispielsweise durch eine Mitgliedschaft und durch aktive Mitarbeit in Ihrem Verein möglich. Denn nur gemeinsam können alle Freunde des Rhodesian Ridgeback jenen Vorurteilen der Rasse gegenübertreten.

Eine weitere Verpflichtung ist, seinen Ridgeback so zu erziehen und in der Öffentlichkeit zu präsentieren, daß gerne jeder einen solchen Hund hätte. Das heißt zum einen, daß der Ridgeback immer in Topform gehalten werden muß, stets schlank, sehnig und muskulös, mit glänzendem Fell. Viel mehr aber noch, daß der Ridgeback sich wie ein „Gentleman" benehmen sollte. Wenn es zuvor nur wenige Rassebegeisterten waren, die wie nun vor vierzig Jahren die schon zu Lebzeiten legendäre Rosy Brook-Risse mit ihren Mitteln Öffentlichkeitsarbeit für den Rhodesian Ridgeback machten, so sind es heute alle Vereine dieser Rasse, auch wenn die sich unglücklicherweise der Menschen und nicht der Hunde wegen in zur Zeit noch drei Gruppierungen aufgesplittert haben.

Noch mehr aber als alle Vereine, als alle gedruckten, gesprochenen oder bewegten elektronischen Medien prägen die Rhodesian Ridgeback-Besitzer die Meinung der Öffentlichkeit, die mit ihren Hunden zu sehen sind. Hieraus folgt die Pflicht, daß diese Hunde sich stets so benehmen müssen, daß in jedem Tierfreund das brennende Verlangen erwachen möge, auch einen solchen Hund zu besitzen. Also erwächst hieraus die Verpflichtung, jeden Ridgeback zum gesitteten, manierlichen Lebewesen zu erziehen.

Wenn beide gemeinsam älter werden

Rhodesian Ridgebacks wachsen schnell heran, sind aber mit Erreichen der Geschlechtsreife in der Regel körperlich noch nicht voll entwickelt. Sie sind dann hoch aufgeschossen, schon von der vermutlichen Endgröße, aber eben noch nicht ausgefüllt, nicht ausgereift. Auch wenn sie dann, bis sie zwei oder drei Jahre alt geworden sind, noch ein wenig ausgefüllter werden im Rumpf (ohne jedoch dick sein zu dürfen), bleiben sie lange Jahre so, ohne merklich zu altern.

Auch wenn das Grauwerden bei Mensch und Hund sicher persönlicher Veranlagung entspricht, sieht man Rhodesian Ridgebacks meist erst spät an, daß sie älter werden. Meist zeigen sich die ersten grauen Haare (wie bei den südländischen dunkelhaarigen Menschen) zuerst dort, wo der Rhodesian Ridgeback am dunkelsten gefärbt ist, am Kopf, am Fang, an der dunklen Maske. Da kann ein normaler Rhodesian Ridgeback aber noch leicht ein Drittel seiner Lebensspanne vor sich haben!

Rhodesian Ridgebacks werden, wenn sie im allgemeinen gesund sind, in der Regel zwischen 11 und 14 Jahre alt. Damit sind sie an den oberen Grenzen der Lebenserwartung für Hunde dieser Größe; generell werden kleine Hunde deutlich älter als große Rassen.

Es scheint so, als ob Rüden generell ein wenig älter werden als Hündinnen, insbesondere, wenn diese in ihrem Leben die Belastung von Würfen und Aufzucht hatten. Die Rüden hingegen, bar der Belastung der Art-

Neun Jahre und noch kein graues Haar: Ch. Makaranga Famous Chaka.

erhaltung, bis auf ihre befristeten Beiträge für einige Würfe „neuer" Rhodesian Ridgebacks, haben weniger Sorgen, leben daher länger und werden oft bis 17 Jahre alt. Dies natürlich nur in einer Umgebung, in der der Tagesablauf und Verpflegung, Bewegung und Unterbringung optimiert und geregelt sind. Überhaupt scheint es nach einiger Betrachtung deutlich so, daß eine gewisse Gleichmäßigkeit in den Umfeldbedingungen der Langlebigkeit Vorschub leistet.

Langlebigkeit ist aber auch eindeutig genetisch mitbedingt: Ein Grund mehr, daß ältere Zuchttiere, bei Hunden nun einmal die Rüden, die schon ein erhebliches Alter erreicht haben, nicht in ihrer Zuchtverwendung benachteiligt, sondern eher gefördert werden sollten. Denn Langlebige kommen nun einmal meist aus Familien mit langlebigen Ahnen – das ist bei Hunden ebenso wie bei den Menschen.

Für ältere Hunde gilt auch, was für ältere Menschen gilt: Sie sind wunderbar an ihre Umgebung angepaßt, weil sie viel Lebenserfahrung haben. Sie betragen sich in der Regel gesittet und gemessen, haben gelernt, daß hektischer Aktionismus wenig einbringt. Dennoch gehen sie immer noch gerne spazieren und das nach wie vor lange und ausdauernd. Sie freuen sich bedächtig und stetig, daß sie gesund und am Leben sind.

Diese Grundstimmung wird nur geändert, wenn sich Bedeutendes ereignet. Und das ist für Rhodesian Ridgebacks: Fressen und Spazierengehen. Dann wird selbst der alte Rhodesian Ridgeback wieder jung und hüpft, soweit körperlich noch möglich, ausgelassen umher.

Rhodesian Ridgebacks bedürfen im Alter leichterer, aber abwechslungsreicher Ernährung, wie ältere Lebewesen sie im allgemeinen brauchen. Sie müssen schlank gehalten werden, es ist praktisch Tierquälerei, wenn man einen Hund erheblich zu dick werden läßt: Es verkürzt sein Leben. Die regelmäßige Bewegung an frischer Luft erlaubt dem Hund,

sein immer ansprechendes Exterieur in Form zu halten – und schließlich erhält die Möglichkeit, immer neue Gerüche erfahren zu können, den Rhodesian Ridgeback auch in seiner Gedanken- und Gefühlswelt jung: die Geruchswelt außerhalb des häuslichen Bereichs, insbesondere in der freien Natur, ist für jeden Hund wie eine Reise oder doch zumindest ein Reisebericht im Fernsehen für die Menschen.

Schließlich muß noch klar und deutlich darüber gesprochen werden, daß die Pflichten des Menschen gegenüber seinem Hund erst nach dessen letztem Atemzug erloschen sind. Wenn der Hund alt wird, wird irgendwann auch die Gesundheit nachlassen. Und der Mangel an Gesundheit bringt für unseren Rhodesian Ridgeback Leiden mit sich, der uns so lange Jahre treu begleitet hat. Und damit eine Verringerung des Wohlbefindens, vielleicht lassen auch die Sinnesleistungen wie Hören und Sehen nach. Es ist eine letzte und eine vornehme Pflicht des Hundebesitzers, darüber zu wachen, daß sein Hund sich nicht in einer Situation wiederfindet, in der sich der Hund nicht mehr wohl fühlt.

Verfolgen Sie das Befinden Ihres alternden Hundes genau! Es ist ein Alarmzeichen, wenn der Hund allmählich bei gleicher Fütterungsmenge und gleicher körperlicher Beanspruchung ständig schlanker, ja magerer wird. Dann hat Ihr Hund ständig Schmerzen; Hunde zeigen dies nicht wie Menschen, sie können dies ja auch nicht mitteilen, halten aber oft Dauerschmerz verblüffend lange aus. Verfolgen Sie auch, ob ihm das Aufstehen und Gehen nicht mehr Mühe macht, als liegenzubleiben. Kontrollieren Sie, ob die Fütterung angemessen ist und ob der Körper des Hundes das Futter wie früher richtig verarbeitet. Konsultieren Sie im Zweifel Ihren Tierarzt, und wechseln Sie gegebenenfalls das Futter, von dem es heute schon viele Varianten für ältere Hunde gibt.

Wenn der alte Hund mehr Leiden als Lust am Leben hat, Schmerzen, die ihm die Tiermedizin nicht ersparen kann, ist es die Pflicht des Besitzers, zu entscheiden, ob der Hund nicht bald von diesen Leiden erlöst werden könnte. Sobald wie möglich. Die Veterinärmedizin macht heute möglich, daß ein alter Hund in gewohnter Umgebung und in Gegenwart seiner geliebten Menschen ohne Belastung einschläft, um nicht mehr aufzuwachen. Wenn es denn soweit ist, sind Sie ihm das schuldig. Bleiben Sie dabei, so nah wie möglich, das wird Ihren Hund glücklich einschlafen lassen. Und scheuen Sie sich nicht, zu weinen; Ihr Ridgeback hat auch das verdient.

Und wenn die größte Trauer vorbei ist, ehren Sie sein Andenken, indem Sie wieder einen Rhodesian Ridgeback zu Ihrem Hausgenossen machen.

Im Alter werden auch Ridgebacks ruhiger: der über 13 Jahre alte Zuritamu Akida.

Erziehung zum Hausgenossen

Wie im Kapitel „Der Ruf der Rasse in der Öffentlichkeit" ausführlich beschrieben, schuldet jeder Ridgeback-Besitzer der Rasse, daß nur wohlerzogene Rhodesian Ridgebacks ans Licht der Öffentlichkeit treten. Nun können Sie zwar einen gesunden und typischen Welpen kaufen, aber den gibt es noch nicht in der erzogenen Version. Zum Glück aber ist Erziehung um so einfacher und sitzt dauerhafter, je früher sie begonnen und konsequent durchgehalten wird. Richtig angefangen, ist das nicht viel Arbeit und Spaß für Besitzer und Hund. Darüber hinaus bedeutet Erziehung auch Beschäftigung mit dem Hund, so kommen sich Herr und Hund immer näher, dann wächst zusammen, was zusammengehört.

Wer ist wofür zuständig?

Zuständigkeit ist die eine Sache, natürliche Autorität eine andere. Grundsätzlich muß immer eine Bezugsperson in der Familie für den Hund zuständig sein. An die von dieser Person aufgestellten Regeln müssen sich alle anderen Familienmitglieder halten. Nun liegt der Verdacht nahe, daß bei Hunden der Grundsatz gilt: „Wes Brot ich eß', des Lied ich

sing'", das hieße, der junge Rhodesian Ridgeback schließt sich demjenigen an, der ihm das Futter gibt. Weit gefehlt. Hunde haben ein untrügliches Gefühl für die Machtverteilung in der Familie, und Kenner können allein nach Beobachtung des Hundes im Familienkreis leicht feststellen, wer dort, nur sinnbildlich gesprochen, „die Hosen anhat". Da Hunde ihrer Instinktausstattung nach Rudeltiere sind, respektieren sie den, der am meisten zu sagen hat: den „Leader of the Pack". Dabei stört sie durchaus nicht, daß diese Person sie mitunter nicht ganz so freundlich behandelt oder insgesamt streng ist, sie hängen doch mit abgöttischer Verehrung an ihrem „Boß". Wenn der Rudelführer und der Futtergeber dieselbe Person sind, um so besser. Wer in der Familie das Sagen hat, sollte den Hund erziehen, die anderen menschlichen „Meutemitglieder" sollten aber auch wissen, wie der Hund erzogen ist oder wird, damit sie nichts tun, was die Erziehungsabsicht torpediert.

Welpenspielstunden

Wenn Sie nicht schon mehrere Hunde zu Hause haben, hat der neu erworbene Hund im Vergleich zu seiner bisherigen Lebensphase plötzlich zuviel Kontakt mit Menschen und zuwenig mit Hunden, um das zu festigen, was er gerade in seiner Geschwistermeute mit der Mutterhündin zu lernen begonnen hat: soziale Einordnung mit anderen Hunden. Es gibt daher das äußerst empfehlenswerte Büchlein von Heinz Weidt und Dina Berlowitz, „Prägungsspieltage", das ganz gut erklärt, was bei Welpenspielstunden abläuft und welche segensreiche Wirkung das ein ganzes Hundeleben lang haben wird.

Tun sie sich also um und stellen Sie fest, wer Welpenspielstunden abhält. Dies können Sie bei den Ridgeback-Zuchtvereinen, den Regionalgruppen, den lokalen oder regionalen Hundevereinen erfragen, auch wenn diese rasseorientiert sind wie zum Beispiel der Verein für Deutsche Schäferhunde oder der Boxer-Klub. Weitere mögliche Ansprechpartner wären auch die Retriever-Clubs, von denen es drei gibt, oder der Club für Französische Hirtenhunde. Auch der Rassezuchtverein für Hovawart-Hunde könnte hilfreich sein, schließlich der Deutsche Hundesportverband – alle Adressen kann man bei der Geschäftsstelle des Verbandes für das Deutsche Hundewesen e. V. (Adresse hinten im Buch) erfragen. Wenn Sie trotz aller Anstrengungen keinen Platz finden, an dem Sie mit Ihrem jungen Ridgeback hingehen können, bleibt Ihnen noch immer ein

Ausweg. Sprechen Sie mit dem Tierarzt, dem Sie Ihren neuen Hund zur Anfangsuntersuchung vorgestellt haben und fragen Sie ihn, wer in seiner Praxis denn jüngst auch einen jungen Hund vorgestellt hat. Nehmen Sie dann Kontakt mit den Besitzern dieses Hundes, besser noch mehrerer junger Hunde, auf, und organisieren Sie gemeinsame Spaziergänge mit allen Welpen mitsamt einer großen Spielstunde auf einer großen Wiese, weitab vom Verkehr.

Lesen bildet

Sie sollten, lange bevor ein Rhodesian Ridgeback bei Ihnen Einzug hält, sich ein vernünftiges Erziehungsbuch kaufen und lesen. Man muß manche Dinge zweimal lesen, um sie wirklich zu verstehen. Am besten wäre, Sie hätten das Prinzip der Hundeerziehung verstanden, bevor Ihr Hund zu Ihnen in das Haus kommt, auf jeden Fall aber, bevor er sie zur Erziehung herausfordert. Da der Rhodesian Ridgeback ein Jagdhund ist und bleibt, habe ich immer mit jenen Erziehungsbüchern am besten leben können, die nicht speziell auf den Schäferhund als Klientel zielen, sondern die erklären, wie man einen jungen oder älteren Jagdhund erzieht.

Umfangreiche Bücher haben mich immer erschreckt. Man hat den Eindruck, man müsse von eiserner Kondition sein, um sie zu Ende zu lesen und alle Details verstehen zu können. Daher habe ich als Erziehungsbuch Heinz Gails „1 × 1 der Hundeerziehung", fast ein Taschenbuch, stets bevorzugt. Es kostet nicht viel, hat nur 100 Seiten und ist voller praktischer Hinweise, mit deren Hilfe es auch mäßig Talentierten gelingen müßte, ihren Hund zu erziehen. Auch das Geheimnis seiner Erfolge sind sinnvoller Fortschritt und Aufbauen des Verständnisses beim Hund sowie: Konsequenz, Konsequenz.

Stubenreinheit

Aller Anfang ist schwer, aber es ist keineswegs so, daß ein bei seinem nun lebenslang zuständigen Besitzer angekommener Ridgeback-Welpe bis dahin bei seinem Züchter und von seiner Mutter und seinen Geschwistern nichts gelernt hätte. Ein Welpe lernt auch schon vorgeburtlich, aber nach seiner Geburt natürlich viel mehr und schneller. So lernt er beizeiten, daß es Freß-, vielmehr Trink- und Ruhephasen gibt.

Später lernt er, daß es neben seiner Mutter noch andere Geschwister gibt, die Konkurrenz um die Nahrungsquelle sind und mit denen man trefflich spielen kann. Weiterhin weiß er auch schon, daß es Menschen gibt, von denen man etwas zum Fressen erhält und die auch mit einem spielen, wenn auch anders als Mama und Geschwister.

Ebenso gehen andere Dinge, die beim Hund instinktiv angelegt sind, vom unbewußten Wissen in das bewußte Ausüben über. Bei den Saugwelpen der ersten Wochen, jedenfalls solange die Welpen ausschließlich von der Hündin ernährt werden, putzt die Mutterhündin die Welpen, sie leckt sie ab und nimmt so deren flüssige und feste Ausscheidungen auf. Das war schon beim Wildtier Wolf, dem Ahn aller Hunde, wichtig, um sicherzustellen, daß Freßfeinde nicht das Wurflager über den Geruch der Welpenausscheidungen finden konnten. Ab dem Zeitpunkt, an dem die Welpen vom Menschen zubereitetes Futter erhalten, säubern viele Hündinnen ihre Welpen gar nicht mehr oder nur sehr schlampig. Wenn die Welpen dann alt genug sind, um Kot selbständig abzusetzen, suchen sie dazu getreu ihrem Instinktmuster die entfernteste Ecke ihres Lagerplatzes auf. Meine Frau und ich zogen Welpen anfangs in einer großen Wurfkiste, anschließend in einem kleinen Zedernholzhäuschen mit Zugang über eine Holzterrasse zum Garten auf. Die Welpen nutzten anfangs die entfernteste Ecke der Wurfkiste als Toilettenecke. Nach dem Umzug in das Holzhäuschen nutzten sie dann dessen äußerste Ecke und später, als sie besser zu Fuß waren, gingen sie über die vorgelagerte Holzterrasse konsequent nur noch in den Garten. Unsere erwachsenen

Hunde suchen stets die äußerste Ecke des Grundstücks auf, um ihren Kot abzusetzen. Sollten Sie einen Züchter finden, der die Stubenreinheit durch die Gestaltung der Aufzuchtbedingungen fördert, ist das schon die halbe Miete. Allerdings ist der Vorbehalt zu machen, daß es wie auch in anderer Hinsicht bei den Welpen durchaus Unterschiede gibt, nämlich einerseits Schnellmerker, höchst reinliche Zeitgenossen, andererseits welche, die es ab und zu nicht so genau nehmen und dann noch die echten kleinen „Ferkel".

Haben Sie nun den Welpen mit nach Hause genommen, finden Sie nun untenstehend einige Merksätze, die Ihnen bewußt sein sollten:

Merksatz 1: *Was „reingegangen ist, geht auch wieder raus" – je jünger der Welpe ist, um so schneller.*

Also muß der Welpe unmittelbar nach dem Fressen und oft auch nach dem Saufen. Also: erhöhte Aufmerksamkeit beim Hundehalter!

Merksatz 2: *Vermeiden, was nicht passieren soll.*

Folglich ist es klüger, den Hund unter Ihrer höchstpersönlichen Aufsicht unmittelbar nach dem Schlafen, Fressen oder Saufen dorthin zu bringen, wo das Kotabsetzen oder das Wasserlassen erlaubt sind. Nach vollbrachter Mission über den grünen Klee loben, daß der Welpe verknüpft,

daß man sich so ganz leicht – und dazu noch erleichtert – beliebt machen kann. Nie vor vollbrachter Mission zurück in das Haus und die Wohnung bringen! Da ließe sich nämlich herausfinden, daß man ganz prächtig mit warmen und trockenen Pfoten auch im Haus Wasser lassen kann. Wichtiger Tip: Den jungen Hund nicht gemächlich zum Versäubern hinausführen, da erweist sich oft der Weg als zu lang. Zuverlässiger ist, den Welpen auf den Arm zu nehmen, denn sein „Lager" beschmutzt er nicht.

Merksatz 3: *Eine Stoppuhr hilft.*

Stellen Sie sich anfangs eine Zeituhr, die Sie daran erinnert, daß der Welpe zunächst, auch wenn er nicht frißt oder säuft, jede Stunde „entwässert" werden muß, diese Phasen des Einhaltens werden jedoch immer länger. Erwachsene Hunde finden oft auch nach 12 und 14 Stunden ohne Auslauf, daß es draußen zu ungemütlich ist und man diese Dinge ruhig noch aufschieben kann.

Ich bin gegen provisorische Hundetoiletten im Haus, wenn eine solche Einrichtung nicht dauerhaft gewünscht ist, also

Merksatz 4: *Solange Sie den Welpen nicht beobachten oder kontrollieren können, ist der Klappkäfig der trockenste Aufbewahrungsort.*

Dies gilt für die Nacht ebenso wie für kurzfristige Abwesenheit. Aber: Vor Unterbringung des Hundes in den Käfig müssen Sie ihn entwässern! Am besten den Käfig anfangs in das Schlafzimmer stellen, damit Sie merken, wann der Hund sich meldet. Dann sofort auf den Arm nehmen und hinausbringen. Warten, bis alles erledigt ist. Nicht zuviel reden, sonst hält der Welpe dies für eine Spielstunde, die sein Nachtleben bereichert.

Merksatz 5: *Gut Ding will Weile haben.*

Die Entwicklung zur Stubenreinheit braucht ihre Zeit, beim einen Hund länger, beim anderen weniger; ich besaß einmal zwei Hündinnen, die von Anfang an stubenrein waren. Allerdings waren das nur zwei von insgesamt 40 Hunden unterschiedlicher Rassen, die wir bis jetzt hatten, vielleicht sind diese 5 Prozent die korrekte Wiedergabe der Quote der Naturtalente.

Merksatz 6: *(und gleichzeitig Trost und Zuspruch, der auch noch von Anne Müller, einer der dienstältesten und erfahrensten Ridgeback-Züchterinnen stammt) Bisher sind noch alle Hunde stubenrein geworden!*

Rhodesian Ridgeback allein zu Haus

Meine Hunde bleiben schon einmal drei Stunden alleine zu Hause. Aber bei uns hat sich nach nun fast 30 Jahren Hundehaltung der Haushalt so konfiguriert, daß da nicht viel passieren kann, selbst wenn ein heranwachsender Hund die älteren zu irgendeinem Unsinn anstiftet. Und wenn die Hunde heulen würden, stört das keinen, weil im Umkreis von 400 Metern kein Nachbar wohnt. Weil das nicht bei allen so ist, braucht ein Ridgeback-Besitzer einen Hinweis, wie er mit seinem Hund umgehen soll, der auch einmal allein bleiben muß. Vorzüglich fand ich hierzu Tips in einer Vereinszeitschrift, die ich hier wiedergeben will. Sie berücksichtigen die natürliche Veranlagung des Rudeltiers Hund und nutzen sie geschickt.

Tips, wie man seinen Hund lehrt, allein zu bleiben

Am einfachsten und natürlichsten lernt der Hund das Warten, wenn er noch Welpe ist. Je früher ein Hund an das Alleinbleiben gewöhnt wird, desto geduldiger erträgt er später Ihre Abwesenheit.

Verlassen Sie ihn also von Anfang an jeden Tag für mehrere Minuten,

Ridgebacks orientieren sich auf der Jagd wie beim Spaziergang hauptsächlich auf Sicht, wie hier Ch. Merten.

wie das auch die Hundemutter tut, und bringen Sie ihm bei Ihrer Rückkehr jedesmal einen Leckerbissen mit, den er bekommt, wenn er sich Ihren Wünschen entsprechend verhalten hat. Dadurch bleibt seine Welt in Ordnung, denn Sie entfernen sich ja nur, um ihn mit Nahrung zu versorgen.

Das Alleinbleiben fällt leichter, wenn der Hund einen festen Warteplatz hat, etwa sein Klappkäfig, sein Körbchen, seine Decke, eine Höhle oder eine Hundehütte. Der „Bau", in dem er Ihre Heimkehr erwartet, ist für ihn „logisch". Vor allem aber hat er keinen Grund, darin zu bellen oder zu winseln, denn in ihrer Höhle in freier Natur tun Hunde genau das nicht, um nicht die Aufmerksamkeit von Feinden auf sich zu lenken.

Warten fällt leichter, wenn ein Hund sich vorher austoben konnte. Machen Sie es sich zur Regel, vor Ihrem Weggang immer wenigstens eine kleine Runde mit ihm spazierenzugehen oder mit Ihrem Vierbeiner zu spielen.

Sehr temperamentvolle Hunde, die dazu neigen, das Mobiliar zu zerstückeln, sollten Kauspielzeug, ein Plüschtier zum Zerfetzen oder irgendeinen Gegenstand zum Kaputtmachen erhalten, und zwar ausschließlich an ihrem Warteplatz und nur, wenn sie allein sind. (Anmerkung: Besonders empfehlenswerte Kauspielzeuge sind „Nylabone"-Kauknochen oder gekochte und gesäuberte Kuhhufe. Plüschtiere etc. zum Zerfetzen sind nicht ratsam, denn Rhodesian Ridgebacks fressen so etwas auch ohne weiteres auf, und das bekommt nicht allen). Selbstverständlich darf der Gegenstand ihrer Zerstörungswut nichts sein, was sie sonst auch nicht zerbeißen dürfen. Geben Sie also niemals ein ohnehin schon zerrissenes Kissen in den Hunde-Warteraum. Sonst riskieren sie, daß Ihr gelehriger Hund sich auch die anderen Kissen schnappt.

In Gesellschaft wartet es sich leichter. Ein zweiter Hund, eine Katze, ein Kaninchen – jeder, der das Leid Ihres Hundes teilt, wird ihm willkommen sein. So eine Wartegemeinschaft hat allerdings auch ihre Schattenseiten: Ist nämlich der Kompagnon ebenfalls ein Rudeltier, rotten die zwei sich in einer Gruppe zusammen. Und wenn Sie zu oft oder zu lange außer Haus sind, könnte das Minirudel Sie aus der Gemeinschaft verbannen und sich selbst genug werden.

Jede Aufgabe, die er begriffen hat und lösen kann, erfüllt einen Hund mit Stolz, vor allem, wenn Sie mit Ihrem Lob nicht geizen. Lassen Sie ihn während Ihrer Abwesenheit eine Puppe bewachen oder Ihren Mantel, natürlich an seinem Warteplatz. Loben Sie ihn jedesmal, wenn er sich von dem ihm anvertrauten Gegenstand nicht entfernt hat. Wählen Sie aber nicht die Wohnung, das Haus und den Garten als Bewachungsobjekt. Die Folge wäre sonst, daß der Hund bei jeder kleinen Störung von außen anschlägt.

Verbinden Sie ihr Zurückkommen immer mit einem für den Hund angenehmen Erlebnis nach dem obligatorischen Leckerbissen, aber nur dann, wenn er nichts angestellt hat. Es wartet sich freudiger auf ein schönes Ereignis als auf etwas Negatives. Kommen Sie also nie nach Hause und gehen sofort an das Telefon, in die Küche oder in das Bett, ohne dem Hund gebührende Aufmerksamkeit geschenkt zu haben. Er braucht nach bravem Warten unbedingt Zuwendung.

Einmal vier Stunden Einsamkeit sind besser als viermal eine Stunde. Glauben Sie nicht, daß es Ihren Hund tröstet, wenn er Sie gehetzt kurz einmal hereinflitzen sieht, bevor Sie wieder weggehen. Im Gegenteil: Wenn Sie wieder da sind, will er Sie für sich beanspruchen, erneutes Verlassen läßt auch den geduldigsten Hund in Depressionen verfallen.

Machen Sie kein Theater, wenn Sie weggehen. Für den Hund muß die Situation normal sein, kein Drama. Gehen Sie ohne großen Abschied, ohne Trostworte, genauso als würden Sie sich nur eine Minute lang entfernen. Unter keinen Umständen dürfen Sie auf ein Winseln oder Nachlaufen verständnisvoll reagieren, eher abweisend.

Hören Sie kurz nach dem Verlassen Ihren Hund winseln oder bellen, gehen Sie sofort (!!) zurück, reißen die Tür auf, und zeigen Sie deutlich

Ihren Ärger. Bleiben Sie böse, schicken Sie den Hund auf seinen Warteplatz, und entfernen Sie sich wieder – ohne ein gutes Wort.

Einen Hund mit Zerstörungstrieb dürfen Sie beim Heimkommen und Entdecken der Bescherung keinesfalls ausschimpfen oder bestrafen. Zum einen, weil er gar nicht mehr weiß, warum Sie böse sind und er so Ihren Tadel mit Sicherheit mißversteht. Zum anderen, weil das Zerstören eine Art „Herbeirufen" bedeuten kann; nämlich dann, wenn Sie sonst immer sofort zur Stelle waren, sobald er in Ihrer Abwesenheit etwas kaputt gemacht hatte. Und in diesem Fall würden Sie die Theorie „Zerstören bedeutet, daß Herrchen sofort kommt", bestätigen.

Hunde mit Zerstörungswut legen Sie am Warteplatz an die Leine, entfernen Sie sich ca. 10 Minuten, kommen dann wieder und loben sie kräftig. Bis zu einer halben Stunde Wartezeit an der Leine üben Sie, dann riskieren Sie es einmal ohne. Ein Geduldsspiel, das Sie gewinnen müssen.

Kommen Sie dem Zeitsinn Ihres Hundes entgegen. Achten Sie darauf, daß Ihre Abwesenheitszeiten möglichst regelmäßig sind. Das erleichtert ihm sein Warten, weil seine innere Uhr verrät, wann er erlöst ist.

Wer täglich acht Stunden außer Haus ist, braucht einen Hundesitter. So lange Wartezeiten grenzen an Tierquälerei. Menschen, die ihrem Hund solche Bedingungen bieten, würden von mir keinen Hund bekommen. Wenn Sie doch einen erworben haben: Engagieren Sie Nachbarn, oder suchen Sie einen Menschen, der mit dem Hund zwischendurch spazierengehen kann und ihm somit die Wartezeit verkürzt wird.

Friedensvertrag

Ich möchte in diesem Buch ganz bewußt keinen Ausbildungsplan für Welpen herbeten, Sie finden diesen für jede Rasse passend in auf die Hundeausbildung spezialisierten Büchern sehr viel ausführlicher und länger erläutert. Heinz Gail gliedert diesen Plan sinnvoll in Kindergarten, Grundschule und Gymnasium. Dieses Buch ist ganz spezifisch dem Rhodesian Ridgeback und seinem zukünftigen Besitzer gewidmet.

Die Ausbildung ist unerläßlich, sie hat aber zwei große Bestimmungen. Die eine ist, daß der Rhodesian Ridgeback manierlich und an seine häuslichen Verhältnisse angepaßt seiner Familie und dem Betrachter viel Freude bereiten soll. Sie ist auch bei dieser großen und kraftvollen Rasse der Garant, daß die Menschen und ihr Hund in Frieden miteinander leben können. Die andere Bestimmung ist das Aufbauen einer engeren Beziehung zum eigenen Hund durch regelmäßige und ausschließliche Beschäftigung desselben Menschen mit seinem Hund, damit verbunden ein besseres Kennenlernen und die Sicherung einer engeren Bindung zwischen diesen beiden. Es ist wie in der großen Weltpolitik: Wer sich gut kennt und die Beweggründe des anderen versteht, wird gegen ihn keinen Krieg führen. Für Unzufriedene sei hier noch angefügt, daß es ein Mindestpensum für Hunde gibt, das auch der höchst liberal gehaltene Stubenhund beherrschen sollte: Das zuverlässige und sofortige Herankommen auf Zuruf, das Sitzen auf Kommando und die manierliche Leinenführigkeit. Diese Dinge sind nicht wegen ihrer eindrucksvollen Ausübung wünschenswert, sondern eher der eigenen Sicherheit Ihres Hundes wegen.

Diese Befehle sind mit viel Geduld und mit reichlich Belohnung im Erfolgsfalle auch schon bei den kleinsten Anzeichen des erwünschten Verhaltens von Anfang an einzuüben. Von Bestrafung halte ich nur bei der Kindererziehung bei schon größeren Kindern etwas, die richtig verknüpfen können, auf welches unerwünschte Verhalten die Strafe folgt. Bei Hunden habe ich noch nirgends irgendeinen Erfolg nach Bestrafung feststellen können. Hunde verknüpfen nur unmittelbar, ohne Zeitverzögerung; wenn auch nur Sekunden seit dem unerwünschten Verhalten vergangen sind, weiß der Hund nicht mehr, was er just getan hat – wie soll er dann noch Strafe und Tun verknüpfen?

Man erreicht so mehr mit Loben, wenn sich der Hund wie erwünscht verhält und mit Ablenkung, wenn er etwas Unerwünschtes tut. Denn es handelt sich ja vordringlich nicht um die Bewertung der Handlungen des Hundes, sondern um das Herbeiführen des erwünschten Verhaltens und dessen Verknüpfung mit bestätigendem Verhalten des Besitzers.

Hierzu gehört, daß man Situationen manipulieren kann, um die erwünschte Reaktion herbeizuführen, die man dann wiederum loben kann. Das verstärkt solches Verhalten.

Beispiel Heranrufen: Es ist strategisch unklug, den jungen Hund dann freizualssen, wenn er voller Energie steckt. Also ist zunächst einmal ein guter Spaziergang angesagt, damit er müder wird, dann kann er von der Leine losgelassen werden.

Wenn andere Hunde in Sichtweite sind, wird er auf diese zustürzen. Jetzt wird man den jungen Hund nicht gerade dann herbeirufen, wenn er voller Begeisterung auf einen anderen Hundekumpel zuläuft, sondern eher dann, wenn er sich ohnehin gerade dazu anschickte, zurückzukommen. Wenn man nicht will, daß er mit dem Hundekumpel ganz selbstvergessen den Schauplatz der Begegnung begeistert verläßt, geht man besser wortlos (!) hin, leint ihn an und nimmt ihn wortlos mit. Das schult die Selbstdisziplin des Besitzers ungemein.

Die Erwartungshaltung auch bei kleinen schwedischen Ridgeback-Welpen ist das Sitzen.

Darf der Hund schon frei herumlaufen und zeigt die Tendenz, sich zu entfernen, rufen Sie ihn nicht! Häufiges Rufen macht einen ungehorsamen und fast schon hochnäsigen Hund aus Ihrem Ridgeback. Drehen Sie sich vielmehr um und gehen zurück oder hocken Sie sich plötzlich hin. Das sieht für den Hund so aus, als seien Sie plötzlich weit weg und daher nur noch so klein zu sehen. Ich habe es mir auch bei meinen erwachsenen Hunden fast zur Gewohnheit gemacht, einen Seitenweg zu gehen, wenn meine Hunde zu weit vorauslaufen. Das erhöht ihre Aufmerksamkeit! Beispiel „Sitz": Wird am besten geübt, wenn die Fütterungszeit herangenaht ist. Sie brauchen nur die volle Schüssel vor seiner Nase steil nach oben führen. Weil er Sie im Auge behalten will, wird er sich in die natürliche Erwartungshaltung begeben und sich setzen. Dabei haben Sie deutlich „Sitz!" gesagt, loben den Hund und geben ihm dafür noch Futter. Welch ein nahrhafter Lernschritt! Das Beherrschen dieses Kommandos kann auch im Auto höchst wirkungsvoll trainiert werden: Steht der Hund immer, anstatt sich zu setzen, sagen Sie doch einmal „Sitz!", und wenn er es nicht macht, bremsen Sie deutlich – dann lernt er es möglicherweise viel schneller.

Beispiel Leinenführigkeit: Sollte man einüben, wenn der Hund ohnehin schon etwas müde und nicht in explosiver Stimmung ist. Zuerst übt man die gerade Strecke mit Locken und Loben, wenn er mitkommt. Wenn diese Übung einigermaßen sitzt, übe man dasselbe entlang einem Zaun oder einer Wand. Hierfür sind Einfamilienhausgebiete perfekt – hinter vielen Zäunen gibt es fremde Hunde. Wenn es hiermit einigermaßen vorangeht, das Geradeausgehen klappt, dann zuerst auf freier Strecke die Kurve nach links üben. Da der Hund traditionell links vom Herrn geht (kommt aus der Diensthundetradition – „damit der Dienstmann mit der Rechten die Waffe führen kann"), geben Sie ein kleines Hörzeichen und wenden sich sofort nach links. Der Hund wird dann schon aufpassen müssen, daß er nicht getreten wird – diese Kehre wird er schnell lernen. Bei der rechten Kehre geht es wieder nur (am Anfang mit Hörzeichen) mit Locken und Loben.

Loben geschieht bei Hunden stets überschwenglich und in hoher Stimmlage, Warnen und Tadel in tiefer Stimmlage. Dies ist den Hunden abgeschaut, denn Hündinnen loben ihre Welpen mit Winseln und hohen Fieptönen, während alles warnende Knurren in tiefen Tönen erklingt. Wenn es Menschen auch so machen, verstehen das die Hunde ohne besondere Erklärung. Ich möchte an dieser Stelle nicht weiter auf die Erziehung eingehen, dieses Wissen vermitteln spezielle Erziehungsbücher.

Rhodesian Ridgebacks züchten

Illusionen

Es sieht so einfach aus, als Züchter das „große Geld" machen zu können. Aufgrund der großen Nachfrage nach Rhodesian Ridgeback-Welpen und der hohen Welpenpreise scheint sich der fixe Unternehmer rasch ausrechnen zu können, daß bei durchschnittlicher Anzahl von etwa 9 Welpen pro Wurf und einem Kaufpreis von DM 2.500,00 pro Welpen die Kosten bis zur Zuchttauglichkeit der Hündin, die Decktaxe, die Eintragungs- und Zuchtgebühren und die Kosten für die Aufzucht des Wurfes rasch hereinkommen. Wenn man davon ausgeht, jedes Jahr einen Wurf zu machen und diesen zu verkaufen, dann scheint es sich zu lohnen! Man kann sicherlich so denken. Das setzt sich dann in der nüchternen Überlegung fort, daß der Ertrag nur steigt, wenn man weniger investiert. Also geht der fixe Unternehmer zum nächsten und billigsten Deckrüden, trifft nur die notwendigsten und provisorischen Vorkehrungen im häuslichen Umfeld vor, so daß das gerade die Wochen übersteht, bis die Welpen endlich an den Mann oder die Frau gebracht sind. Man verfüttert Sonderangebote und freut sich über jeden Käufer, der anruft und einen Welpen kaufen und bar bezahlen möchte. Und dann fließt der goldene Segen jedes Jahr von neuem.

Wie bei allen Dingen, in die viele kluge Leute ihre Ideen und ihr Geld investieren und dann nach vielen Jahren mittelmäßiger Erfolge endlich ein beständiges Leistungsniveau erreicht haben, das zu halten auch weiter viel Mühe kostet, fällt keinem Menschen der Zuchterfolg und der finanzielle Erfolg in den Schoß – hierzulande ist es glücklicherweise noch immer so, daß vernünftiger Ertrag erarbeitet werden muß.

Die Wahrscheinlichkeit für die „Kriegsgewinnler", daraus Nutzen zu ziehen, könnte in der Hundezucht folgendermaßen aussehen: Die gekaufte Hündin wird, da nicht zielsicher für Zucht und Ausstellung und damit ohne entsprechende Anfangsinvestitionen an Zeit, Überlegung und Geld erworben, wenn überhaupt, gerade eben mit Mühe und Not zuchttauglich. Man muß mehr Zeit und Meldegelder ausgeben, als anfänglich geplant. Für mäßig typische Hündinnen wird sich der Eigentümer eines erprobten und typischen Deckrüden nicht gerade begeistern. Der Deckrüde um die Ecke, den bis jetzt keiner wollte, deckt aber doch. Mangels Erfahrung geht der Hündinnenbesitzer zum falschen Zeitpunkt zum Deckrüden, oft klappt es dann erst bei der nächsten Hitze, ein halbes Jahr später. Es werden schließlich doch Welpen geboren, aber die provisorische Ausstattung der Zuchtstätte macht viel Arbeit, und die Umstände sind ofmals weder sauber noch ansehnlich. Sobald die Welpen sieben Wochen alt sind, entpuppen sie sich als Aktivisten, die jede provisorische Ausrüstung mit vernichtendem Erfolg in ihre Bestandteile zerlegen. Es sind zwar viele Welpen, aber mit 12 Wochen sind noch immer nicht alle verkauft oder nicht abgeholt worden. Sie fressen viel und produzieren dann auch entsprechende Mengen von Hinterlassenschaften. Wer macht ständig sauber, und wohin mit den Resten von Einstreu und organischem „Restmüll"? Die Welpen machen ab fünf Uhr morgens einen Heidenkrach, der zusammen mit dem kräftigen Duft der dilettantischen Aufzuchtanlage die Nachbarn dauerhaft gegen die Hundezüchter aufbringt. Die Käufer rufen zu allen Tages- und Nachtzeiten an und kommen jedes Wochenende mit ihrer Großfamilie zum nicht enden wollenden Welpenbesuch. Und das bei neun Welpen alles einmal neun. Der Zuchtverein möchte natürlich eine professionelle, saubere und doch artgerechte Zuchtstätte erzielen und macht daher Auflagen vor einer weiteren Zuchtmaßnahme. Die Nachbarn rechnen sich aus, welche Erträge der Züchter auf Kosten ihrer Nerven hat, deren Nachfrage beim Finanzamt führt zu dessen Erinnerung, daß auf Welpenverkäufe Mehrwertsteuer zu entrichten ist. Nachdem alle Welpen weg sind, kommen zwei der Käufer nicht mit den Hunden zurecht und geben die „Halbstarken" zurück.

Bei anderen Welpen wiederum werden Mängel sichtbar, für die der Züchter einen Teil des Kaufpreises zurückzahlen muß, vielleicht ist auch ein prozeßwütiger Käufer dabei, der endlich einmal seine Rechtsschutzversicherung nutzen möchte. Bei den ersten Zuchtschauen ernten die Welpenbesitzer nicht die erhofften Lorbeerkränze, die Häme und die Liebe der Hundezüchter untereinander sorgen dafür, daß dies auch hinreichend bekannt wird – alles kein erfundenes Szenario.

Nach meiner langjährigen Zucht-, Züchter- und Zuchtfunktionärserfahrung ist dieser geschilderter Bericht eher die Regel als die Ausnahme, und nur mit langjähriger, zielsicherer Vorgehensweise sind solche Zuchtmethoden vermeidbar. Für die Hundezucht gilt: keine Chance auf schnelles Geld! Wer das nicht glauben will, lese Hans Räbers entsprechende Ausführungen, die er mit Zahlen hinterlegt.

Dennoch ist Züchten ein wunderbares Hobby. Für Leute, die viel Zeit und Geld investieren wollen, ohne die Erwartungshaltung, daß die investierten Beträge innerhalb der nächsten fünf Jahre wieder hereinkommen. Rhodesian Ridgebacks eignen sich – wie viele andere Hunderassen auch – nicht zur Haltung im Zwinger, und gute Züchter halten meist nur wenige Hunde als Familienmitglieder mit Zugang zum Haus. Die planmäßige und wirksame Betreuung eines Welpen oder mehrerer Rhodesian Ridgebacks, die im übrigen nie ohne Bezug zu einem Zuchtverein möglich ist, schafft Lebenserfahrungen, die man sonst nie machen könnte, aber auch neue Kontakte zu vielen Menschen, angenehmen und unangenehmen, die man sonst nicht kennengelernt hätte.

Voraussetzungen für Zuchthunde

Die Grundlagen unseres Wirtschaftssystems lassen sich auch auf die Hundezucht anwenden. Keine Unternehmung kann aussichtsreich gestartet werden, wenn es an Grundkapital für die Anschaffung der Produktionsmittel fehlt und nicht genügend Betriebskapital da ist, um auch Notzeiten ohne Einkünfte zu überstehen.

Möchten Sie auch der Liga der Züchter angehören, und insbesondere den nachhaltig erfolgreichen, dann sollten Sie die Sachlage kritisch prüfen. Sie müssen auch das Zuchttier oder die Zuchttiere in Betracht ziehen, die zur Zucht eingesetzt werden sollen. Sie müssen von bester Qualität sein, was ihr Verhalten, ihr Wesen, aber auch den Rassestandard betrifft. Das beste Startkapital für einen beginnenden Züchter wäre ein Rüde oder eine Hündin, der oder die bei diversen Zuchtschauen von vielen Zuchtrichtern stets ein „Sehr gut" als Formwert erhalten hat. Einen Hund, der das nicht erreicht, sollte man aus der Zucht nehmen und ihm als Kompagnon einen gezielt für die Zucht gekauften Rhodesian Ridgeback zugesellen. Mit einem weniger als mindestens sehr guten Hund sollte man keine Zucht beginnen wollen. Sicherlich könnte man das Ziel irgendwann auch so erreichen, aber man hat eben schlechtere Chancen als andere. Außerdem würde man Zeit benötigen, um überhaupt erst so weit zu kommen. Angesichts der Regel, daß Hündinnen nur einen Wurf pro Jahr haben dürfen und der Tatsache, daß die wenigstens Züchter schon im zarten Alter von 18 Lebensjahren mit diesem Hobby beginnen, wäre der Weg, bis man zu den anerkannten Züchtern gehört, zu weit.

Derselbe Grundsatz muß auch für Hunde gelten, die schon da sind, wenn ihr Besitzer auf die Idee kommt, seinen Hund zur Zucht nutzen zu wollen. Dann sollte er zwei

Schritte zurücktreten und kritisch überlegen, ob die Erbmasse dieses Hundes ein Gewinn für die Rasse sein wird. Neben dem Äußeren ist natürlich das Verhalten, vulgo Wesen, des Hundes, der zur Zuchtverwendung bestimmt sein soll genauso wichtig. Ein Rhodesian Ridgeback, der einen sinnvoll aufgebauten Wesenstest nicht überlegen bestanden hat, taugt keinesfalls zur Zucht.

Ein weiterer, ebenso wichtiger Aspekt ist die körperliche Leistungsfähigkeit und Fitneß des Hundes. Natürlich haben Ridgebacks ebenso wie andere Rassen auch erbliche Krankheiten oder Schwächen, die von den diese Rasse betreuenden Rassehundezuchtvereinen erfaßt, bewertet und züchterisch bekämpft werden sollen. Dazu zählen Stoffwechselerkrankungen, aber auch die degenerative Veränderung der Hüftgelenke, die Hüftgelenksdysplasie (HD). Sie ist seit langem bekannt, alle Rhodesian Ridgebacks in Deutschland sind vor Zuchtverwendung auf HD zu untersuchen, ein Gutachten wird erstellt. Auch in diesem Bereich sollte ein Zuchttier hervorragende Ergebnisse aufweisen, die somit das Startkapital erhöhen. Welpenkäufern wird geraten, sich die HD-Ergebnisse nicht nur der Eltern der Welpen, sondern auch die der Vorfahren zeigen zu lassen. Beim Rhodesian Ridgeback beeinflussen beispielsweise Herzerkrankungen und Stoffwechsel-

störungen wie Schilddrüsenerkrankungen mitunter unerkannt die Fitneß der Zuchthunde. Es ist daher in meinen Augen die Pflicht der betreuenden Rassehundezuchtvereine, der Zuchtverwendung auch eine Ausdauerprüfung vorzuschalten, bei der kundige Tierärzte Kondition und Herztätigkeit der Hunde in Ruhestellung und bei Belastung zu kontrollieren. Hunde, die keine Kondition besitzen, sollten, auch wenn keine gesundheitlichen Probleme vorliegen, nicht zur Zucht zugelassen werden.

Voraussetzungen für Züchter

Leute, die nur Hunde mögen und keine Menschen, sind als Züchter nicht geeignet. Als Züchter ist man nicht nur Erzeuger weiterer Hunde dieser Rasse, sondern auch deren Botschafter, Propagandist und unendlicher Begeisterer. Man wird, nach Beginn dieser Tätigkeit, auch Berater in vielen Dingen, und daher ist der zwischenmenschliche Kontakt sehr wichtig. Man braucht unendliche Geduld, viel Toleranz und gute Nerven, denn Welpenkäufer fragen viel und sind sehr unterschiedlich in Persönlichkeit, Wertekatalog und Diskretion. Sie rufen auch gerade dann an, wenn man eigentlich keine Zeit oder keine Nerven hat. Und sie fragen nach Dingen, die man gar nicht als erörterungswürdig ansieht, da man selbst sie schon lange ganz selbstverständlich erledigt.

Als Züchter muß man bereit sein, seinen Urlaub und die Erholung nach den Zuchthündinnen zu richten, die immer dann zuchtfähig werden, wenn der Ablauf von Deckakt, Trächtigkeit, Wurfakt und Welpenaufzucht und die Abgabe der Welpen an die Käufer garantiert nicht in die familiäre Urlaubsplanung paßt. Frei nach Murphys Gesetz: „Was immer auch schiefgehen kann, geht schief!"

Man wird natürlich durch die Freude mit den jungen Hunden und deren Heranwachsen entschädigt, und letztendlich durch die Einkünfte, die man aus dem Welpenverkauf hat (der im übrigen in Deutschland umsatz- oder mehrwertsteuerpflichtig ist). Es gilt der alte Grundsatz: Die Hundezucht ist eher etwas für freudige Investierer als für Renditebewußte.

Voraussetzungen für Zuchtstätten

Für Rhodesian Ridgebacks sollte man ausreichend Platzbedarf einplanen. Da die Menschen unterschiedliche Wohnvorstellungen haben, kann dies leichter mit der „rollenden Zweitwohnung", dem Auto illustriert werden. Für eine Familie mit einem Kind und ihrem Gepäck ist eine Mittelklasselimousine gerade ausreichend, nicht von ungefähr ist der Trend zum Kombi ungebrochen. Wenn aber zusätzlich noch ein Hund von 35 kg Gewicht transportiert werden soll, geht es nicht ohne Kombi. Ein Rhodesian Ridgeback benötigt in ruhigen Tagesphasen genauso viel „Verwahrungsraum" wie eine Person.

Auch wenn große erwachsene Hunde in der Regel ruhiger sind als mittelgroße und kleine Rassen, so muß doch genügend Platz für die Bewegung sein. Dies gilt um so mehr, wenn mehr als ein Hund mit Ihnen lebt. Die Wohnung oder besser noch das Haus und der Garten sollten ausreichend groß sein.

Für die Aufzucht der Welpen benötigt man einen eigenen heizbaren Raum, der im Grunde mehr Anforderungen gerecht werden muß als ein Kinderzimmer: Er muß nicht nur hell und geräumig sein, sondern auch einen Wasser- und Abwasseranschluß sowie einen gefliesten Boden mit Bodenablauf aufweisen. Die Wände sollten mit abwaschbarer Farbe gestrichen sein, der Raum sollte einen möglichst direkten Ausgang in das Freie, der in den späteren Auslauf für Hündin und Welpen führt. Er sollte jedoch weder von der Welt abgeschieden sein – weil sonst die heranwachsenden Hunde keine Lebenserfahrungen sammeln können – noch sollte er an den Bereich lärmempfindlicher Nachbarn angrenzen. Am besten geeignet wäre befestigter Boden (Beton, Platten, Kies) und Rasen, sinnvollerweise voneinander abtrennbar. Die Umfriedung sollte für Welpen und Menschen ausbruchsicher und höchst stabil sein. Nach diesen Kriterien hat wohl kaum jemand gezielt seine Wohnung ausgesucht. Viele dieser Forderungen sind zwar mit besonderen Anstrengungen erfüllbar, aber eben auf Kosten von Zeit und Geld. Provisorien sind nach den Erfahrungen aller Kundigen dennoch die teuersten und anstrengendsten Lösungen.

Die physischen Voraussetzungen, aber auch die übrigen Vorbedingungen für das Züchten kann man von den Rassehundezuchtvereinen erfahren, die die Rasse Rhodesian Ridgeback betreuen. Sie haben verbindliche Regelwerke, „Mindesthaltungsbedingungen" genannt, in denen schwarz auf weiß nachzulesen ist, was beachtet werden muß. Das sollte der künftige Rhodesian Ridgeback-Züchter schon im voraus als Prüfliste abarbeiten.

Besteht nun wirklich die Absicht des Züchtens von Rhodesian Ridgeback-Welpen, dann sei den Aspiranten die gründliche Lektüre und die Umsetzung der entsprechenden Literatur, die am Ende dieses Buches für diesen Bereich angegeben ist, an das Herz gelegt. Man benötigt zumindest je ein Buch über die Realität des Züchtens und über die Genetik, um die erforderlichen Mindestanforderungen zu kennen – die Wirklichkeit selbst erlernt sich erst durch das eigene Erleben.

Ausstellungen

Schaufenster für Kaufwillige

Hundeausstellungen, von Fachleuten Zuchtschauen genannt, sind das Schaufenster der Kynologie. Eine ihrer Hauptfunktionen ist, dem interessierten Hundefreund diverse Rassen vorzustellen. Daher sind Leute, die sich einen Rhodesian Ridgeback anschaffen wollen, gut beraten, zu einer oder mehreren dieser Veranstaltungen hinzugehen und sich gründlich umzuschauen. Sie sehen dort nicht nur Hunde, von denen sie dann besser beurteilen können, ob sie einen solchen Hund als Hausgenossen haben möchten, sondern auch deren Besitzer. Die haben schon Erfahrungen mit diesen Hunden und teilen sie, wenn sie höflich gefragt werden, auch gerne mit. Sie sehen dort unterschiedliche Typen von Hunden, die von den dort tätigen Zuchtrichtern nach ihrer Qualität des Äußeren nach den Vorgaben des Rassestandards sortiert und gereiht werden und dem Laien damit vermitteln, welcher Hund dem erwünschten Ideal am nähesten kommt.

Erfolgreichster Ridgeback in Schweden 1996: Aakemba's King Astor Gi'Fumo aus australischen und schwedischen Blutlinien.

Der Laie kann aber auch sehen, wie die Besitzer während der langen Wartezeiten mit ihren Hunden umgehen und auch wie die Hunde untereinander reagieren. Man kann sich gut darüber informieren, was Hundefutter so kostet und wieviel ein Hund davon täglich braucht. Man sieht außerdem eine unglaubliche Menge an sinnvollem und unsinnigem Zubehör – Laien fragen besser die alten Hasen unter den Ausstellern, was man wirklich davon gebrauchen kann.

Schließlich sind die gezeigten Hunde auch Produkte aus der Zucht von Leuten, die möglicherweise auch mit den Elterntieren dieser Hunde bei der Ausstellung anwesend sind. Man kann also nicht nur fragen, wie Käufer mit ihren Produkten zufrieden sind, sondern kann sich auch selbst ein Bild davon machen, ob man zu diesem Züchter paßt und umgekehrt.

Testplatz

Hauptfunktion der Zuchtschauen ist die Überprüfung. Überprüfung der Hunde, der Zucht und ihrer Ergebnisse durch Zuchtrichter, Mitbewerber und andere ausgestellte Hunde. Hier kann man gleichzeitig auch das

Mit neun Jahren Bester von 152 Rhodesian Ridgebacks: Ch. Makaranga Famous Chaka.

Zuschauerinteresse für die Rasse einschätzen, daraus entsteht ein Eindruck der Nachfragehäufigkeit in der Region der Zuchtschau und schließlich kann damit auch indirekt die zu erwartende Welpennachfrage überprüft werden. Die Zuchtschauen bieten sich aber auch als ein Testplatz für Rasseinteressenten an, die sich über die Rasse allgemein, ihre Halter und Züchter und deren Hunde informieren wollen.

Verhalten von Hunden und Menschen

Es ist höchst interessant, das Verhalten ausgestellter Hunde zu den Menschen, die sie mitgebracht haben und zum allgemeinen interessierten Publikum zu beobachten. Während des Wartens entwickelt sich so etwas wie ein „familiärer Kaffeeklatsch", bei dem die Menschen beieinander sitzen und hauptsächlich über ihre Hunde und „Hundenarren" sprechen. Dabei kann man sich als Beobachter doch ein ganz gutes Bild machen, ob die Hunde untereinander friedlich sind – dann sind es ihre Menschen meistens auch – oder ob sie zu kleinen Rangeleien neigen. Zeigen die Hunde Zuwendung (Ridgebacks halten sich für verkannte Schoßhunde) zu ihren Leuten oder sind sie eher distanziert?

Ist es im Bereich der Aussteller dieser Rasse eher sauber oder

schmutzig? Bellen die Hunde viel oder sind sie gesittet und still? Gibt es einzelne Streithähne – wer wollte schon so einen oder dessen Nachwuchs? Entsprechen auch die Leute im Schnitt dem Typ, mit dem man gerne umgeht?

Und, wenn man sich dann die Reihungen und Bewertungen der Zuchtrichter oder die Reihe der in Konkurrenz gestellten Hunde ansieht, gibt es dabei Typen, die allzusehr abweichen und die man nicht so gerne besäße? Welchen Hundetyp stellt der Zuchtrichter als erstrebenswert an die Spitze? Welcher Züchter hat den gezüchtet, gibt es Züchter oder Ahnen (das kann man sich im Schaukatalog ansehen), die besonders erfolgreich waren? Alles Entscheidungshilfen für Rasseinteressierte.

Kommunikation

Auf Zuchtschauen müssen die Hundebesitzer oft lange warten, bis sie drankommen; oder wenn sie schon dran waren, warten sie lange, bis sie gehen dürfen oder mit ihrem erfolgreichen Hund erneut für eine Konkurrenz in einen anderen Ring müssen. Trotz allem unterhaltsamem Klatsch gibt es dann doch Phasen der Langeweile. Daher freuen sich Aussteller im allgemeinen, wenn Sie ehrlich interessiert nach ihren Hunden fragen. Zeigen Sie aber Fingerspitzengefühl: Wenn es soweit ist, daß die

Dieses Sofa ist total für'n Hund! Drei Generationen: Ch. Makaranga Famous Chaka, (9), Enkelin Johokwe Jenny (2) in der Mitte, Tochter Johokwe Gala'Tina' (8) ganz entspannt!

Hunde bald zur Bewertung in den Ring müssen, sind die Besitzer nicht ansprechbar, oft auch nervös. Dann sollte man besser dem Geschehen im Ring konzentriert zuschauen und erst danach fragen, wenn sich die Gemüter wieder abgekühlt haben.

Die Gespräche unter den Ausstellern wirken wie Hundeklatsch, mit dem man, wenn man erst Insider ist, herrlich lange Zeit unterhaltsam verbringen kann. Es entwickelt sich nämlich für jede Rasse eine eigene Szene mit allen Kult-, Freund- und Feindfiguren, die eine Szene halt nun einmal braucht. Der Hundeklatsch hat aber oft einen durchaus dichten Informationsinhalt, der sich nur dem Insider erschließt. Tatsächlich vergleichen Aussteller ständig ihre Hunde untereinander und das eigene Verhalten mit dem anderer. Und das ist eine der guten Seiten solcher Veranstaltungen: Züchter sehen, wie sich die Produkte ihrer Zucht entwickelt haben und was andere Kollegen produzieren.

So sichert diese Plattform einen ständigen Vergleich des Leistungsstandes der eigenen Zucht mit der der Konkurrenz, die in Zentraleuropa ja auch oft aus dem angrenzenden Ausland kommt. Für große Zuchtschauen ist heute auch die Anwesenheit skandinavischer Aussteller mit ihren Hunden selbstverständlich, die oft hervorragende Hunde zeigen.

Auch aus diesem Grund zeigen die Illustrationen in diesem Buch keineswegs nur Hunde aus deutschsprachigen Ländern; die Ridgeback-Szene ist international, und mit dem Schnellerwerden der Kommunikation gibt es auch mehr Austausch über die internationale Entwicklung der Rasse.

147

1995 und 1996 Spitzenhündin in den USA war Ch. Calico Ridge Abigail of Orangewood.

Beharrlichkeit und Erfolg

Bei Gesprächen mit den Ausstellern, insbesondere mit denen, die erfolgreich sind, zeigt sich, daß diese gewiß nicht das erste Mal auf der Ausstellung erscheinen. Sie sind vielmehr häufig Leute, die ihre schönen Hunde gerne immer wieder zeigen und aus dem Erfolg ihrer Hunde eine gewisse Befriedigung ziehen. Ebenso wie nur beharrliches Züchten mit Augenmaß,

Talent, viel Schweiß, manchen Tränen und natürlich auch ein wenig Glück auf Dauer Erfolge zeitigt, bringt Beharrlichkeit im Ausstellen und der Wille, auch auf diesem Felde immer dazuzulernen, den gewünschten Erfolg.

Es gibt Aussteller, die eine phänomenale Gabe haben, auch mittelmäßige Hunde im Ring strahlen zu lassen. Sie bringen alle vorhandenen Stärken des Hundes zum Vorschein

148

und in das Rampenlicht, sie verstehen es, Schwächen oder leichte Unvollkommenheiten des Hundes zu verdecken oder wenigstens zu mildern. Dies alles ist legitim und keine Manipulation des vorgestellten Hundes. Am wunderbarsten ist, wenn solche begnadeten Vorführer auch noch einen hervorragenden, extrovertierten Hund zeigen, dann ist dies eine Bereicherung für jede Zuchtschau. Solchen erfahrenen Zuchtrichtern, die selbst alle Tricks der Vorführung kennen, wird beim Zuschauen bei solchen Vorführgespannen warm um das Herz.

Erfolgreichster Rüde der Ausstellungsszene in USA 1996: Ch. Centennial Mt. Sun Hunter. Präsentation und Herrichten macht die Rasse in der Neuen Welt zu anderen Hunden.

Ernährung

Der Hund braucht mehr als Fleisch

Leben ist Bewegung. Leben ist Wachstum. Leben ist Stoffwechsel. Damit Lebensvorgänge ablaufen können, muß sich das Lebewesen ernähren. Der Zweck der Ernährung ist es, dem Körper Nährstoffe zuzuführen. Diese dienen der Bewegung, indem sie Energie liefern, dienen dem Wachstum, indem sie die Baustoffe darstellen, dienen dem Stoffwechsel, indem sie verbrauchte Substanzen ersetzen. Nährstoffe befinden sich in der Nahrung. Tiere sind von organischen Stoffen abhängig. Diese gehen sämtlich auf Stoffwechselprodukte der Pflanzen zurück.

Der Hund als Nachfahre des Wolfes steht am Ende der Nahrungskette. Er verwertet nicht die Pflanze selbst, sondern pflanzenfressende Tiere. Die wildlebenden Ahnen unseres Hundes verzehrten ihre Beute meist vollständig. Von daher geht der Begriff „Fleischfresser" am Kern vorbei. Denn nicht nur Muskelfleisch, sondern ebenso die Knochen, Sehnen, das Fell und natürlich die Innereien samt dem pflanzlichen Inhalt wurden verschlungen. Treffender ist also die Bezeichnung „Beutetierfresser".

- Der Hund steht am Ende der Nahrungskette.
- Der Hund benötigt neben Fleisch auch Fett, Mineralstoffe, Vitamine und pflanzliche Materialien.
- Der Hund ist ein Beutetierfresser.

Das Verdauungssystem spaltet die Nahrung auf

Dem Wolf wie auch seinem Nachfahren Hund sind eine Reihe spezialisierter Organe eigen, mit denen er seine Nahrung beschaffen, zerkleinern und verwerten kann. Die Zähne dienen dem Ergreifen und Zerteilen der Beute. Mit Hilfe des Speichels gleitfähiger gemacht, gelangt die Nahrung durch die sehr dehnbare Speiseröhre in den Magen. Hier erfolgt eine erste Aufspaltung der einzelnen Bestandteile. Dieser Vorgang wird im Dünndarm fortgesetzt. Unverzichtbare Hilfe leisten dabei Verdauungsenzyme, die in der Bauchspeicheldrüse und der Leber gebildet werden. Ihre Aufgabe ist die biochemische Zerkleinerung der Nährstoffe bis auf die Grundbausteine. Nur so zerlegt ist die Nahrung letztendlich verwertbar. Die Nährstoffe werden dann von der Darmschleimhaut aufgenommen und

151

mit Hilfe des Blutkreislaufs in jede noch so entlegene Zelle des Körpers transportiert. Dort erst erfüllen sie ihre eigentliche Funktion. Im Muskel beispielsweise wird die biochemische Energie bestimmter Nährstoffe in Bewegungsenergie umgewandelt, im Knochen dienen andere Nährstoffe als Bausteine den Wachstumsvorgängen. Unverwertbare Bestandteile der Nahrung gelangen in den Dickdarm und werden wieder ausgeschieden.

– Die Nahrung muß aufgespalten werden, um verwertbar zu sein.
– Die Aufspaltung erfolgt hauptsächlich im Dünndarm.
– Die Nährstoffe werden mit dem Blutkreislauf aus dem Darm in alle Körperzellen transportiert.

Hohe Energieausbeute nur bei hochverdaulicher Nahrung

Ob unser Rhodesian Ridgeback läuft, springt, mit dem Schwanz wedelt oder vielleicht nur daliegt und Herrchen oder Frauchen beim Lesen zuschaut – jeder dieser Vorgänge braucht Energie, sie ist die treibende Kraft aller Lebensvorgänge. Unser Hund bezieht sie aus seinem Futter. In biochemischer Form gespeichert, gelangt Energie in den Körper und wird dort in die unterschiedlichsten Lebensäußerungen umgewandelt. Bei diesen Umwandlungsprozessen gibt

es Verluste. Über Kot und Harn werden Stoffe ausgeschieden, die noch Energie speichern. Auch Wärmeverluste schmälern die Energieausbeute für den Organismus. Dennoch hat das Energieumwandlungssystem „Hund" einen höheren Wirkungsgrad als jedes vom Menschen ersonnene. Eines liegt jedoch auf der Hand: Je höher die Verdaulichkeit der Nahrung ist, desto geringer sind die Energieverluste für den Hund.

– Ohne Energie gibt es kein Leben.
– Die Energie ist in der Nahrung.
– Je höher die Nahrung verdaulich ist, desto besser wird sie verwertet.

Eiweiße sind Baustoff, Energieträger und Wirkstoff zugleich

Jeder Hund benötigt über fünfzig verschiedene Nährstoffe, und zwar Tag für Tag, ein Leben lang. Man kann diese der besseren Übersichtlichkeit halber in Hauptnährstoffgruppen zusammenfassen. Eine wesentliche dieser Gruppen wird von den Eiweißen oder Proteinen gebildet. Sie stellen wichtige Körperbausteine dar. Nur eine einzige Körpersubstanz überhaupt enthält keine Eiweiße als Baustein, und das ist der Zahnschmelz. Alle anderen Gewebe, ob nun Muskel, Nerven, Haut oder innere Organe, bestehen in irgendeiner Form aus Eiweißen. Sogar der

Knochen enthält nicht nur Mineralstoffe, sondern eben auch Gerüstproteine. Darüber hinaus werden wichtige Wirkstoffe wie Enzyme und Hormone durch Eiweiße aufgebaut. Außerdem sind Eiweiße eine Energiequelle für Hunde.

Die Energieausbeute beim Abbau der Eiweiße ist jedoch nicht besonders hoch. In dieser Hinsicht ist die Nutzung von Fetten effizienter. Fette sind die für den Hund günstigste Energiequelle. Die Ausbeute bei ihrem biochemischen Abbau ist um etwa ein Drittel höher als bei Eiweißen. Fette sind jedoch nicht nur Energielieferanten. Sie stellen auch wichtige Bausteine für Zellmembranen dar und sind unverzichtbarer Bestandteil von bestimmten Hormonen und Vitaminen.

Kohlenhydrate kommen in der Natur in großen Mengen in Pflanzen vor. Das Verdauungssystem des Hundes kann diese nur in erhitzter Form spalten. Dann stellen einige Kohlenhydrate jedoch gute Energielieferanten dar. Weiterhin dienen Kohlenhydrate als Ballaststoffe. In dieser Funktion regen sie die Darmbewegung an und sind so für die Passage der Nahrung durch den Darm unerläßlich.

Ebenso wichtige, jedoch grundsätzlich andere Aufgaben erfüllen die Mineralstoffe. Die bekanntesten unter ihnen, Kalzium und Phosphor, bilden die Hauptbestandteile der Knochen. Sie fungieren also als Baustoff. Andere Mineralstoffe werden im Stoffwechsel von Substanzen benötigt, welche Steuer- und Regelungsmechanismen bedienen. So gibt es eine Reihe von Enzymen und Hormonen, die ohne die Anwesenheit bestimmter Mineralstoffe wirkungslos blieben. Weiterhin laufen so wichtige Vorgänge wie Blutgerinnung, Muskelkontraktionen oder die Erregungsleitung in Nerven nur ab, wenn die dazugehörigen Mineralstoffe dem Körper über die Nahrung zugeführt werden. Die Gruppe der Mineralstoffe kann man noch einmal unterteilen in Mengenelemente (von diesen wird ein bedeutendes Quantum täglich benötigt) und Spurenelemente (hiervon reichen oft schon ganz geringe Mengen im Mikrogrammbereich aus).

Schließlich müssen noch die Vitamine in der Nahrung sein, von denen es fettlösliche und wasserlösliche gibt. Vitamine haben lebenswichtige Steuerfunktionen, dienen dem Sehvermögen, der Krankheitsabwehr oder dem Energiestoffwechsel.

– Eiweiße sind Baustoff, Energieträger und Wirkstoff zugleich.
– Fette sind die günstigste Energiequelle.
– Mineralstoffe bauen das Skelett auf und steuern lebenswichtige Vorgänge im Stoffwechsel.
– Vitamine regeln unverzichtbare Lebensprozesse.

Wachsende Hunde benötigen spezielle Nahrung

Die moderne Tiermedizin hat die Besonderheiten des Hundestoffwechsels genau untersucht. So besteht heute die Möglichkeit, nicht allein den Energiebedarf eines heranwachsenden Hundes genau anzugeben, sondern auch seinen Bedarf an Kohlenhydraten, Eiweißen und Fetten sowie Mineralstoffen und Vitaminen. Dies ist entscheidend, wenn man das Ziel hat, durch eine artgerechte Bilanzierung von Nahrungsbestandteilen eine gesunde Hundeentwicklung zu fördern.

Ein gutes Beispiel dafür ist der Bewegungsapparat. Mit Hilfe von Messungen der Wachstumsgeschwindigkeit der Knochen, Röntgenaufnahmen des Bewegungsapparates, Bestimmungen der Knochendichte, Vergleich von vielen hundert gesund aufgewachsenen Hunden und weiterer Untersuchungsverfahren ist der Bedarf an Kalzium und Phosphor genau festgestellt worden. Aufgrund dieser Zahlen sind wissenschaftlich exakte Empfehlungen für die Versorgung mit diesen Mengenelementen möglich – und zwar jeden Monat im Leben eines wachsenden Hundes. Wegen des hohen Bedarfs der Welpen an knochenaufbauenden Mineralstoffen liegt der Kalzium- und Phosphorbedarf in den ersten beiden Lebensmonaten rund viermal höher als beim erwachsenen Hund. Mit zunehmender Mineralisierung der Knochen nimmt er im Laufe des Wachstums stetig ab.

Um ein gleichmäßiges Knochenwachstum und eine gesunde Skelettentwicklung zu erreichen, kann die Versorgung mit Kalzium und Phosphor eigentlich nur durch eine ausgewogene, altersangepaßte Vollnahrung problemlos gewährleistet werden.

Eine Selbstherstellung von Hundenahrung ist wegen der möglichen Unter- oder Überversorgung mit lebenswichtigen Nährstoffen insbesondere bei Welpen sehr kritisch. So ist in „Eigenmischungen" das Kalzium/Phosphor-Verhältnis meist nicht korrekt ausbilanziert.

Die Wachstumsrate junger Hunde und die Unterschiede zwischen einzelnen Hunden werden übrigens nicht allein durch Erbanlagen bestimmt. Auch äußere Faktoren wie Ernährung, Klima oder Krankheiten sind wichtig. Eine optimale Gestaltung der äußeren Einflußfaktoren kann das Wachstum im positiven Sinne beeinflussen – also eine artgerechte, angemessene Ernährung, gute Haltungsbedingungen und eine vernünftige Krankheitsverhütung, zum Beispiel durch Impfungen.

Da es bei jedem Hund Unterschiede der äußeren Bedingungen gibt, variiert die Gewichtsentwicklung von Individuum zu Individuum ein wenig. Das bedeutet, daß es immer Abweichungen des altersentsprechenden Körpergewichtes von den wissenschaftlich ermittelten Durchschnittswerten gibt. Diese Unterschiede sind aber nicht nur von wissenschaftlichem Wert. In der Praxis ergeben sich aus den natürlichen Differenzen bei der Wachstumsgeschwindigkeit Unterschiede beim Bedarf der wachsenden Hunde an Energie, Eiweißen und insbesondere auch Mineralstoffen. Dies muß bei der Ernährung von Welpen und Junghunden bedacht und einkalkuliert werden.

Das Verdauungssystem und der Stoffwechsel von Welpen weisen eine Reihe von Besonderheiten auf. Der Magen ist noch relativ klein, so daß nur eine begrenzte Menge Nahrung aufgenommen werden kann. Diese eingeschränkte Speicherfunktion des Magens macht eine häufige Nahrungsaufnahme notwendig.

Einige Körpergewebe beziehungsweise Organsysteme sind während der ersten Lebensmonate ganz besonders auf eine richtig zusammengesetzte Nahrung angewiesen, um sich so entwickeln zu können, wie es die Natur vorgesehen hat. Hierzu gehören Bewegungsapparat, Abwehrsystem, Fortpflanzungssystem, Haut und Fell sowie Lunge und Atemwege. Anders als das Herz-Kreislauf-System des jungen Hundes, das sich schon im Mutterleib fast vollständig entwickelt hat, reift beispielsweise der Bewegungsapparat erst später aus.

So sind nach der Geburt zwar sämtliche Knochen beim Welpen angelegt und vorhanden, bestehen aber überwiegend noch aus Knorpel, also einem Gewebetyp, der zwar sehr elastisch ist, jedoch nur eine geringe Festigkeit hat. Dieses bindegewebige Gerüst wandelt der Organismus nach und nach zum tragfähigen Knochen um, indem er Mineralstoffe – vor allem Kalzium und Phosphor – einlagert. So entwickelt der Junghund im Laufe vieler Monate die biologisch notwendige Festigkeit seiner Knochen. Solange bleibt den noch nicht voll mineralisierten Knochen die Möglichkeit, weiterzu wachsen. Erst gegen Ende der Wachstumsperiode des Hundes verschließen sich die Wachstumsfugen der Knochen, die bis dahin ein Längenwachstum ermöglicht haben.

Im gesamten Zeitraum der Knochenbildung muß also die Zusammensetzung der Nahrung optimal auf die Bedürfnisse des Knochenwachstums eingestellt sein. Junge Hunde haben keinen Schutzmechanismus vor überhöhter Kalziumzufuhr mit der Nahrung wie erwachsene Tiere. Unter dem Einfluß von Hormonen wird ein eventueller Kalziumüberschuß überwiegend in den Knochen eingelagert, was im Endeffekt zu einer gesteigerten und gleichzeitig gestörten Verknöcherung führt. Die daraus resultierenden Skelettdeformierungen und Bewegungseinschränkungen sind im späteren Lebensalter nicht wiedergutzumachen.

Die Empfehlung, Junghunden eine Kalziumergänzung – selbst bei Verwendung einer vollständigen und richtig bilanzierten Vollnahrung – zukommen zu lassen, ist wissenschaftlich nicht haltbar. Wegen der möglichen Gefahren ist die Gabe von kalziumreichen Nahrungsadditiven deswegen zu vermeiden.

– Wachsende Hunde haben einen höheren Energiebedarf.
– Das heranwachsende Skelett braucht mehr als doppelt so viele Mineralstoffe.
– Spezielle Welpennahrung deckt alle Bedürfnisse ab.

Fertignahrung ist hochwertig, sicher und bequem

Wie wir gesehen haben, benötigen Hunde sehr viele verschiedene Nährstoffe. Diese müssen nicht nur in der optimalen Menge, sondern auch im richtigen Verhältnis zueinander in der Nahrung sein.

Hinzu kommen besondere Lebenssituationen wie Wachstum, Phasen hoher körperlicher Belastung, Trächtigkeit oder Alter. Jede dieser Situationen bringt veränderte Nährstoffansprüche mit sich. Verdaulichkeit und Schmackhaftigkeit des Futters sollen auch gewährleistet sein, damit der Hund den Napf leert.

ALTERNATIVE MÖGLICHKEITEN
EINER AUSGEWOGENEN ERNÄHRUNG

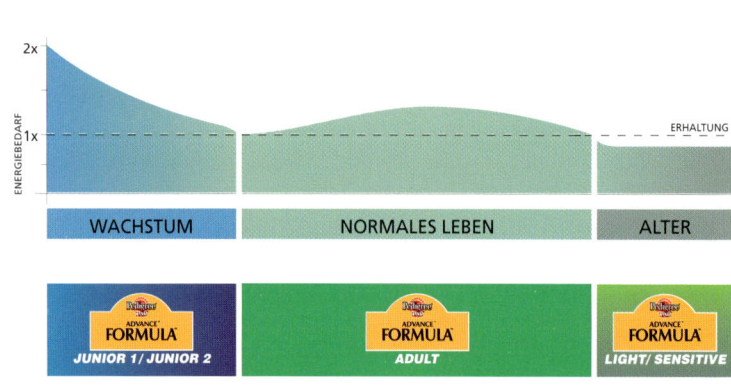

Wollten wir unserem Hund selbst die tägliche Nahrung bereiten, hätten wir das alles zu beachten.

Wir müßten den Gehalt der Ausgangsmaterialien an Eiweißen, Fetten, Mineralstoffen und Vitaminen genau kennen. Wer jedoch mißt die Menge essentieller Aminosäuren oder den Vitamingehalt eines Stückes Fleisch?

Wieviel Kalzium ist denn nun in der Messerspitze Futterkalk enthalten? Und was ist mit der Zeit, die wir für die tägliche Futterration unseres vierbeinigen Freundes benötigen würden?

Am sichersten ist die Verwendung qualitativ hochwertiger Fertignahrung, wie sie von verantwortungsbewußten, erfolgreichen Züchtern empfohlen wird.

Alle Nährstoffe sind in richtiger Menge und optimalem Verhältnis enthalten. Man kann genau portionieren, die Fütterung ist sauber, schnell und bequem. Das deutsche Futtermittelrecht regelt die Zusammensetzung streng und genau. Es dürfen nur einwandfreie Rohmaterialien von gesunden Tieren und Pflanzen verwendet werden.

- Futterselbstzubereitung ist kompliziert, zeitraubend und erfordert Spezialkenntnisse.
- Fertignahrung ist sicher, hat hohe Qualität und erfüllt alle Nährstoffansprüche des Hundes.

Fertignahrung ist also der beste und sicherste Weg, unseren Hund richtig und gesund zu ernähren. Und schmecken wird es ihm ganz gewiß.

Wichtige Tips zur Fütterung Ihres Hundes

1. Bei der Verwendung von Fertignahrungsmitteln, die als „Alleinfutter" deklariert sind, erhält Ihr Hund alle lebensnotwendigen Nährstoffe in ausgewogener Zusammensetzung für ein langes, gesundes Hundeleben.

2. Ein Welpe braucht zu Beginn eines Lebens etwa doppelt so viele Nährstoffe und Energie wie ein ausgewachsener Hund, deshalb füttern Sie in der Wachstumsphase ein Fertigfutter, welches für wachsende Hunde bestimmt ist.

3. Verwenden Sie als Milchersatz für Saugwelpen nur spezielle Welpenmilchprodukte, Kuhmilch ist auf keinen Fall zu empfehlen, da sie nicht eiweiß- und fettreich genug ist und zu Durchfällen führen kann.

4. Achten Sie darauf, Futterumstellungen langsam und schrittweise über fünf Tage durchzuführen, so daß sich der Verdauungstrakt des Hundes an die neue Nahrung gewöhnen kann.

5. Füttern Sie stets zur gleichen Zeit und möglichst am gleichen

Ort weder zu heiß noch zu kalt (nicht direkt aus dem Kühlschrank).

6. Bieten Sie ihrem Hund nur die Futtermenge an, die er auch auffrißt, keine Futterreste stehen lassen.

7. Frisches Wasser zum Trinken sollte Ihr Hund stets zur Verfügung haben.

8. Füttern Sie Fleisch bitte nur im abgekochten Zustand, bei der Fütterung von rohem Fleisch besteht Infektionsgefahr.

9. Bei der Verwendung eines hochwertigen Fertigfutters brauchen Sie keinerlei Zusatzstoffe oder Ergänzungsfuttermittel zusätzlich zu füttern.

10. Bei älteren Hunden ist die Futtermenge in 2–3 Mahlzeiten aufzuteilen. Die verwendeten Eiweiße müssen hochwertig und hochverdaulich sein.

Gesundheit

Vorbeugen ist besser als Heilen

Artgerechte Haltung, Pflege und Ernährung sind Voraussetzungen für die Gesundheit. Das seelische Wohlbefinden des Hundes ist so wichtig wie das körperliche. Der gesunde Hund nimmt aufmerksam und lebhaft Anteil an seiner Umgebung. Er ist kräftig und ausdauernd. In der Ruhe atmet er 10- bis 20mal, das Herz schlägt 70- bis 100mal in der Minute. Die Körpertemperatur liegt um 38,5 °C. Gesundheit ist nicht nur „Freisein von Krankheiten", sie schließt auch Widerstandskraft gegen Infektionen ein.

Das Haarkleid schützt nicht nur gegen Wind und Wetter, es ist auch Zeichen von Gesundheit. Stumpfes Haar, ständiger Haarausfall und starker Geruch deuten auf innere Erkrankungen hin. Die Haut soll frei von Schuppen und Rötungen sein, kein Juckreiz soll den Hund plagen.

Flöhe, Läuse und Haarlinge kann auch der gepflegteste Hund von einer Hundebegegnung mitbringen. Bei Juckreiz wird als erstes die Haut auf Flohstiche – bis zu linsengroße, geschwollene Rötungen – und das Fell auf Parasitenkot – kleine schwarze

Pünktchen – abgesucht. Lieblingssitze der ungebetenen Gäste sind die Innenflächen der Hinterbeine, die „Achselhöhlen" und die Ohrmuscheln. Bei leichtem Befall genügt ein Flohpuder oder -spray. Wirksamer sind Waschlösungen, die das Fell bis auf die Haut benetzen, oder verschreibungspflichtige Mittel, die auf die Haut getropft werden und bis zu vier Wochen wirken.

Das Ablecken solcher Mittel muß aber unbedingt verhindert werden. „Anti-Floh-Halsbänder" geben bis zu vier Monaten gas- oder puderförmige Wirkstoffe ab. In Hundehütten können bei einigen Halsbändern Giftgaskonzentrationen auftreten, die auch für den Hund bedenklich sind. Manche Halsbänder verlieren zudem durch Nässe an Wirksamkeit. Bei Flohbefall muß immer das Lager des Hundes mitbehandelt werden. Moderne Spezialmittel töten dabei nicht nur „erwachsene" Flöhe, sondern stoppen auch die weitere Entwicklung der Flohlarven. Hundedecken werden am besten ausgekocht, Teppiche regelmäßig gesaugt und Stroh in der Hütte gewechselt.

Zecken lassen sich aus dem Gebüsch auf den Hund fallen, beißen sich in der Haut fest und saugen sich mit Blut voll. Je länger sie saugen, desto größer ist in bestimmten verseuchten Gegenden die Gefahr, daß eine für Hunde gefährliche Infektionskrankheit, die Borreliose, übertragen wird. Deshalb sollten Zecken so rasch wie möglich entfernt werden. Sie dürfen aber nicht einfach ausgerissen werden, weil dabei die Beißwerkzeuge in der Haut steckenbleiben und Entzündungen verursachen können. Am besten erfaßt man die Zecke mit einer Spezialpinzette und hebelt sie drehend aus der Haut heraus. Auf keinen Fall darf eine Zecke mit Alkohol betäubt oder mit Öl erstickt werden. Im Todeskampf gibt sie ihren Speichel in die Blutbahn des Hundes ab und damit eventuell Erreger einer Infektion. Inzwischen gibt es, allerdings nur beim Tierarzt, ein Anti-Zecken- und -Flohhalsband, das den Befall mit Zecken weitgehend und das Blutsaugen sicher verhindert.

Die Ohren sollten alle vier Wochen gereinigt werden. Mit Wattestäbchen kann man das Trommelfell zwar kaum verletzen, das Ohrenschmalz aber in der Tiefe zusammenstopfen. Besser ist ein alkoholischer Ohrreiniger, der randvoll ins Ohr eingegossen und bei zugedrückter Ohrmuschel durchmassiert wird. Das gelöste Ohrenschmalz kann der Hund dann selbst ausschütteln, vorzugsweise im Freien.

Dunkle, übelriechende Beläge im Ohr zeigen eine Entzündung an.

Meist wird sich der Hund dann auch am Ohr oder – scheinbar – am Halsband kratzen und den Kopf schütteln. Ursache des „Ohrenzwanges" können Ohrenmilben, Grasgrannen oder andere Fremdkörper sowie Bakterien und Pilze sein. Wenn zwei- bis dreimalige gründliche Reinigung mit dem Ohrreiniger keine Besserung bringt, ist eine gezielte Behandlung erforderlich.

Die Augen werden mit einem Stückchen Mullbinde oder einem Taschentuch vom „Schlaf" gereinigt. Fusseln von Watte oder Papiertaschentüchern reizen die Schleimhäute. Bindehautentzündungen können auch durch Zugluft, Staub oder starke Sonne verursacht werden. Zur Linderung werden Augentropfen in den heruntergezogenen Bindehautsack geträufelt. Borwasser wird heute nicht mehr verwendet, weil feine Kristalle als Fremdkörper wirken können. Länger andauernder wäßriger, schleimiger oder eitriger Augenausfluß sollte nicht mit Hausmitteln kuriert werden. Es könnte eine Infektion vorliegen. Wucherungen auf der Rückseite der Nickhaut müssen meist operativ behandelt werden.

Die Zähne werden durch Hundekuchen oder Knochen ausreichend gereinigt. Auch die Tortur des Zähneputzens kann Zahnstein kaum verhindern. Zur Entfernung weicher Beläge eignet sich am ehesten ein Wattebausch, getränkt mit dreiprozentiger Wasserstoffsuperoxydlösung. Zahnstein ist ein fest anhaftender brauner Belag aus verhärteten Salzen. Fauliger Mundgeruch durch Zahnfleischentzündungen und -vereiterungen sowie Zahnausfall sind die Folgen. Zahnstein sollte frühzeitig fachkundig entfernt werden.

Lose Zähne müssen gezogen werden. Da der Hund keine Beute jagen, festhalten oder zerreißen muß, kann er auf schmerzende Zähne gut verzichten. Nach Entfernung der Eiterherde wird er sich auch allgemein wohler fühlen, denn sie können den Körper vergiften und zum Beispiel chronische Herzklappenentzündungen auslösen.

Die Analbeutel sollen eigentlich bei jedem Kotabsatz eine individuelle Duftmarke zur Revierkennzeichnung hinterlassen. Infolge der Domestikation funktioniert die Entleerung häufig nicht richtig. Sekretstauungen sind die Folge; den Juckreiz versucht der Hund vergeblich durch Rutschen auf dem After zu beseitigen. Dieses „Schlittenfahren" ist entgegen landläufiger Vermutung fast nie auf Wurmbefall zurückzuführen. Stark gefüllte Analbeutel müssen fachkundig ausgedrückt, vereiterte müssen tierärztlich behandelt werden.

Die Krallen werden nur bei regelmäßigem Auslauf auf hartem Untergrund ausreichend abgelaufen. Nur bei krankhaftem Hornwachstum oder Stellungsfehlern müssen sie geschnitten werden. Dabei soll die in der Kralle verlaufende Ader nicht verletzt werden. „Wolfskrallen", Überbleibsel der an sich verkümmerten fünften Zehe an Vorder- und Hinterläufen, können bei Verletzungen stark bluten. Sie sollten vorsorglich amputiert werden. Das geschieht üblicherweise schon bei neugeborenen Welpen.

Erste Hilfe tut not

Hautverletzungen müssen genau inspiziert werden. Oberflächliche Abschürfungen und Schrunden können mit Hausmitteln behandelt werden. Auf jeden Fall werden im Bereich der Verletzungen die Haare mit einer gebogenen Schere kurz abgeschnitten. Sie verkleben sonst mit dem Wundsekret; Vereiterung ist die Folge. Die Wunde wird mit Wundgel, -spray oder -tinktur behandelt. Fetthaltige Salben behindern den heilungsfördernden Luftzutritt, Puder verkrustet.

Bei tieferen Wunden mit Durchtrennung der Haut sollte umgehend ein Tierarzt hinzugezogen werden. Bei Beißereien und Stacheldrahtverletzungen wird die Haut oft vom Körper losgerissen, so daß tiefe Taschen zu versorgen sind. Von Fall zu Fall ist zu prüfen, ob eine „offene Wundbehandlung" oder eine Naht besser ist. Nur frische Wunden können mit Aussicht auf komplikationslose Heilung genäht werden. Eine offene, aus der Tiefe nässende oder eiternde Wunde darf der Hund belecken. In allen anderen Fällen wird die Wundheilung behindert, weil die zarten Heilungszellen am Wundrand gestört werden. Das Belecken von Wunden und das Abreißen von Verbänden können durch einen Halskragen verhindert werden, den es fix und fertig vom Tierarzt gibt.

Wundstarrkrampf ist beim Hund selten. Impfungen sind daher nicht üblich. Zur Vorbeugung sollen Wunden ausbluten und nicht luftdicht abgedeckt werden. Wenn größere Adern verletzt sind, kommt es zu andauernden, starken Blutungen. Häufig tritt Blut im Strahl aus. Dann muß zur Ersten Hilfe ein Druckverband angelegt werden. An ungünstigen Körperstellen wie am Kopf kann auch von Hand eine Kompresse aufgedrückt werden. Gliedmaßen können abgebunden werden, die Abbindung muß aber viertelstündlich kurz gelöst werden. In solchen Fällen ist stets umgehend tierärztliche Hilfe erforderlich.

Unfälle können auch zu inneren Verletzungen und Gehirnerschütterungen führen. Bei Bewußtseinstrübungen soll nie Flüssigkeit eingeflößt werden. Die Maulschleimhaut kann aber mit Kaffee, Tee oder auch einfach mit Wasser befeuchtet werden. Der Hund wird vorsichtig getragen

oder seitlich mit tiefliegendem Kopf und herausgezogener Zunge auf einer Decke gelagert, die, von zwei Personen an den Ecken strammgezogen, auch als „Tragbahre" dient. Am Unfallort sind meistens die Diagnose und vor allem eine wirksame Schockbehandlung erschwert. Telefonisch sollte zur Vermeidung unnötiger Wege und Zeiten ein dienstbereiter Tierarzt verständigt und umgehend aufgesucht werden.

Lahmheiten können viele Ursachen haben. Als erstes wird die Pfote untersucht. Dornen oder Splitter werden ausgezogen. Verfilzte Haare drücken zwischen den Ballen wie ein Stein im Schuh; sie werden daher vorsichtig ausgeschnitten. Wunde Stellen werden wie Hautverletzungen behandelt. Im Winter müssen Streusalzreste von den Pfoten abgewaschen werden.

Bei Krallenbettentzündungen können warme Kamillen- oder Seifenbäder Linderung bringen. Lose Krallenteile werden an der Bruchstelle beherzt abgeschnitten. In vielen Fällen ist ein Verband erforderlich. Er muß fachkundig angelegt werden, um Druckstellen zu vermeiden. Bei Schwellungen, Prellungen und Verstauchungen kann das Fell des betroffenen Körperteils mehrmals täglich mit kaltem Wasser durchnäßt werden. Das wirkt wie ein Kühlverband, lindert den Schmerz und hemmt – frühzeitig angewendet –

weitere Schwellungen. Wenn ein Bein überhaupt nicht belastet wird, besteht Verdacht auf Knochenbruch. Bei stark abnormer Beweglichkeit können die Gliedmaße durch eine Notschiene ruhiggestellt werden. Andauernde, wiederkehrende oder sich verschlimmernde Bewegungsstörungen sind stets ein Fall für den Tierarzt. Das Humpeln auf einem Hinterbein wird nicht selten durch eine Ausrenkung der Kniescheibe oder durch Riß von Bändern bedingt, die operativ fixiert werden müssen.

Vergiftungen sind meist „Unglücksfälle" und nur selten böse Absicht. Rattengift kann bei unsachgemäßem Auslegen direkt, aber auch mit vergifteten Nagetieren aufgenommen werden. Meist handelt es sich um Cumarinpräparate, die zu inneren Blutungen führen. Vorsicht ist auch bei Schädlings- und Unkrautbekämpfungs- sowie bei Frostschutzmitteln geboten. Hochgiftige Thallium-, Zinkphosphid- und Arsenzubereitungen, Blausäure und Strychnin sind heute gottlob kaum noch erhältlich.

Die besten Überlebenschancen bestehen, wenn man „nach frischer Tat" das Gift wieder aus dem Magen herausbefördern kann. Der Tierarzt kann Erbrechen durch eine Spritze auslösen, der Laie durch Eingeben von zwei bis drei Teelöffeln Salz. Nach dem Erbrechen kann eine Aufschwemmung von etwa zehn Kohlekompretten eingeflößt werden. Milch

wird nicht gegeben, weil verschiedene Gifte fettlöslich sind.

Etwa vorhandene Hinweise auf die Art des Giftes ermöglichen eine rechtzeitige, gezielte tierärztliche Behandlung. Ungewisser sind die Aussichten, wenn Vergiftungsfolgen wie Krämpfe, Mattigkeit oder Brechdurchfall schon eingetreten sind, die Ursache aber nur vermutet werden kann. Eine genaue Diagnose ist oft erst durch Spätschäden wie Blutungen oder Haarausfall möglich. Dann kann es für eine Rettung bereits zu spät sein.

Durchfall ohne Fieber bessert sich häufig nach einem Fastentag: Der Hund erhält ausschließlich stark verdünnten Tee mit einer Prise Salz, aber ohne Zucker. Zur Geschmacksverbesserung ist Süßstoff erlaubt. Zusätzlich ist es nie verkehrt, eine Aufschwemmung von Kohlekompretten einzugeben. Keinesfalls darf Durchfall mit Wasserentzug „behandelt" werden; der Körper würde zu stark austrocknen. Am zweiten Tag erhält der Hund in kleinen Portionen ein Diätfutter, zum Beispiel Beefsteakhack, Schmelzflocken und rohen geriebenen Apfel. Am dritten Tag muß der Kot zumindest wieder dickbreiig sein.

Verstopfungen lassen sich oft durch rohe Leber oder Milz oder einige Teelöffel süßer Dosenmilch beheben. Bei krampfhaft vergeblichem Drängen kann ein Mikroklistier Erfolg bringen. Bei einer Verhärtung von Knochenteilen im Enddarm hilft allerdings meist nur ein fachgerechter Einlauf.

Erbrechen ist keine selbständige Krankheit. Einmaliges Erbrechen kann durch zu hastiges Fressen, zu kaltes Futter oder Aufnahme von Fremdkörpern ausgelöst werden. Gelegentliches Erbrechen ist beim Hund ohne große Bedeutung. Um zu erbrechen frißt der Hund häufig Gras. Geschieht das regelmäßig oder wird ständig das Futter erbrochen, muß ein Tierarzt hinzugezogen werden. Auch Durchfall und Erbrechen mit Fieber sind kein Fall für Hausmittel.

Scheinschwangerschaft tritt bei manchen Hündinnen etwa acht Wochen nach der Läufigkeit auf. Sie sind unruhig, „bemuttern" irgendwelche Gegenstände, fressen schlecht und erbrechen gelegentlich. Das Gesäuge schwillt, Milch bildet sich. Abhilfe schafft häufig wenig Fressen und Trinken bei viel Bewegung und Beschäftigung. Das Gesäuge kann mehrmals täglich mit kaltem Wasser befeuchtet werden, um Schwellung und Milchproduktion zu hemmen. Keinesfalls soll die Milch ausgedrückt werden. Damit würde nur die weitere Milchbildung angeregt. Bei sehr starker Gesäugeschwellung und trotz Hausmitteln nicht nachlassenden Erscheinungen muß der Tierarzt verständigt werden.

Insektenstiche, vor allem durch das Schnappen nach Wespen und Bienen verursacht, können schnell zu erheblichen Schwellungen am Kopf oder, noch schlimmer, im Rachen führen. Äußerliche Kühlung mit Eiswürfeln und eine Tablette gegen Allergie ersparen oft nicht die möglichst rasche tierärztliche Behandlung.

Alarmzeichen

Fieber ist eine Abwehrreaktion des Körpers, meist auf Infektionen. Die Hundenase kann auch beim kranken Hund feucht und kühl sein. Die Temperatur muß mit einem Fieberthermometer (je nach Modell bis zu fünf Minuten) im Mastdarm gemessen werden. Sie darf nicht über 39 °C liegen. Untertemperaturen unter 37,5 °C entstehen infolge einer Reduzierung der Stoffwechselvorgänge häufig vor dem Tod.

Husten, als ob ein Knochen im Hals säße, tritt bei Mandelentzündungen auf. Ernstere Infektionen wie Zwingerhusten oder gar Staupe könnten auch vorliegen. Pumpende Atmung entsteht durch eine Lungenentzündung, aber auch durch Wasseransammlung in der Lunge, zum Beispiel infolge von Vergiftungen. Bei alten Hunden kann der damit verbundene Husten auch auf eine Herzschwäche zurückzuführen sein. Bauchpressen und Aufblasen der Backen sind Zeichen höchster Atemnot.

Schleimhäute im Auge und im Fang geben Hinweis auf innere Erkrankungen: Blässe deutet auf Blutarmut hin, Gelbfärbung auf Leberschäden mit Gelbsucht, Blutungen auf schwere Infektionen oder Vergiftungen, eine bläuliche Färbung tritt bei Herz- und Kreislaufschwäche auf.

Kot und Urin mit Blutbeimengungen lassen krankhafte Veränderungen erkennen. Bei Blutungen im Magen und in den vorderen Darmabschnitten kann der Stuhl durch das verdaute Blut pechschwarz aussehen. Nierenerkrankungen können auch mit erhöhtem Durst verbunden sein. Wenn Mattigkeit und Mundgeruch hinzukommen, ist meist bereits eine Harnvergiftung eingetreten.

Harnsteine, Blasenriß oder Vergiftungen können dazu führen, daß überhaupt kein Urin mehr abgesetzt wird; dann besteht höchste Gefahr. Geschwülste, Prostatavergrößerungen und Mastdarmveränderungen erschweren den Kotabsatz. Verhärtete Knochenteile können den Enddarm völlig verstopfen. Erbrechen und zunehmende Mattigkeit bei fehlendem Kotabsatz sprechen für Darmverschluß oder einen Fremdkörper im Darm.

Speicheln wird im harmlosesten Fall durch Fremdkörper in der Maulhöhle oder durch lose Zähne verursacht, bedenklicher wäre eine E 605-Vergiftung oder Pseudowut, schlimmstenfalls ist an Tollwut zu denken.

Umfangsvermehrungen des Bauches bei sonst normalem Ernährungszustand oder zunehmender Abmagerung können durch Tumore oder Bauchhöhlenwasser hervorgerufen werden.

Bei einer Gebärmuttervereiterung besteht gleichzeitig fast immer starker Durst, gelegentlich auch Scheidenausfluß. Eine plötzliche Aufblähung des Bauches mit Kolik und Kreislaufschwäche, bedingt durch eine Magendrehung, erfordert unverzügliche Operation. Eine Entzündung der Kaumuskeln mit Schwellung und Verhärtung sowie hervortretenden Augäpfeln muß sofort tierärztlich behandelt werden.

Stärken und Schwächen

Der Rhodesian Ridgeback ist eine gesunde Rasse. Die meisten Züchter und die meisten Zuchtvereine arbeiten daran, daß dies so bleibt. Aber wie andere Hunderassen auch haben Ridgebacks Stärken und Schwächen.

Zwei Dinge sind bei den Ridgebacks bekämpfenswert; wie bei vielen größeren und schwereren Hunderassen die Bekämpfung der Hüftgelenksdysplasie und die Erkrankungen der Vorderhand. Beide Erkrankungen sind für Hunde dieser Masse und

165

dieses Gewichts von erheblichem Leidenswert. Wenn sie auftreten, sind sie schmerzhaft und nur bedingt durch richtige Haltung, Fütterung oder gar Operationen zu lindern. Hier sind die Züchter und die Zuchtvereine gefordert: Bei der heutigen Kopfzahl von Rhodesian Ridgebacks in den Zuchtvereinen dürften nur noch Hunde mit gesunden Hüften und gesundem Vorderhandskelett zur Zucht zugelassen werden. Welpenkäufern wird geraten, sich den Befund der Eltern, Groß- und Urgroßeltern ihres künftigen Hundes vom Züchter nachweisen und erklären zu lassen. Diese Erkrankungen sind erblich: Gesunde Ahnen sind die beste Gewähr für möglichst gesunde Nachkommen.

Die Rasse hat aber auch ein „bauartbedingtes" Gesundheitsproblem, das so lange mit der Rasse verbunden bleiben wird, wie sie einen Ridge trägt. Dies ist das Auftreten von Dermoidzysten und ihrer Vorstufen. Diese Abweichungen liegen nahe an oder in den Hautzonen des Ridges und können verschieden tief sein, in schlimmen Fällen reichen sie bis in den Wirbelkanal, bis an das Rückenmark heran.

Dermoidzysten entstehen durch eine Störung der Embryonalentwicklung, bei der es durch eine Einstülpung des äußeren Keimblattes zu einer Versprengung äußerer Hautschichtteile in die tieferen Gewebe

kommt. Schlimme Ausprägungen des Dermoidsinus sind schon beim Welpen vom Züchter, spätestens jedoch vom Zuchtwart zu erkennen, denen hierfür eine besondere Prüfpflicht obliegt. Hunde mit Dermoidzysten sind grundsätzlich von der Zucht auszuschließen. Mehr zu diesem Problem finden Wißbegierige in Elisabeth Müller-Forrers Dissertation, die im Literaturverzeichnis aufgeführt ist.

Infektionen bedrohen die Gesundheit

Staupe und ansteckende Leberentzündung (Hepatitis) sind Viruskrankheiten, die für Junghunde besonders gefährlich sind, aber auch ältere Hunde befallen.

Staupe beginnt mit einem häufig kaum merkbaren, kurzen Fieber, dem nach etwa acht Tagen eine schwere Lungenentzündung mit eitrigem Augen- und Nasenausfluß oder ein Durchfall folgt. Eine besondere Verlaufsform ist mit einer Verhärtung der Ballen verbunden. Nach scheinbarer Besserung treten nervöse Erscheinungen bis hin zu Krämpfen auf, die meistens zum Tod führen. Nach überstandener Staupe bleibt häufig ein nervöses Zucken der Kopfmuskeln, der „Staupetick", nach Erkrankungen im Junghundealter das „Staupegebiß" mit erheblichen Zahnschmelzdefekten zurück. Die ansteckende Leberentzündung verläuft ähnlich, mit hohem Fieber, Apathie und Appetitlosigkeit. Hornhauttrübungen können bleibende Folgeschäden sein.

Stuttgarter Hundeseuche (Leptospirose) wird durch Bakterien verursacht und von Hund zu Hund übertragen. Sie beginnt häufig mit einer Schwäche in den Hinterbeinen. Geschwüre im Maul, Magen und Darm sind mit aasartig-faulem Maulgeruch und blutigem Durchfall verbunden.

Tollwut tritt bei Hunden nur noch selten auf. Die Seuche wird vor allem durch Füchse übertragen. Hinweisschilder warnen in gefährdeten Gebieten vor Tollwut. Die Krankheit ist besonders tückisch: Die typischen Wuterscheinungen mit heiserem Gebell, Wasserscheue, Unruhe und unmotivierter Beißwut fehlen häufig. Die „stille Wut" ist im Anfangsstadium schwer zu erkennen. Ein erkranktes Tier stirbt immer.

Parvovirose ist eine Viruskrankheit, die sich bei Hunden aller Altersgruppen in schweren, durch Erbrechen und Durchfall gekennzeichneten Erkrankungen äußert. Bei Welpen kann plötzlicher Herztod auftreten.

Der Erreger ähnelt dem Katzenseuchevirus; eine wechselseitige Ansteckung zwischen Hund und Katze ist jedoch nicht möglich. Die Ansteckung erfolgt über Ausscheidungen von Hund zu Hund, aber auch durch Verschleppung angetrockneter Ausscheidungen, zum Beispiel an Kleidungsstücken.

Impfungen schützen vor diesen Infektionskrankheiten

Welpen in gefährdeten Zuchten oder ungeimpfte Hunde mit verdächtigen Krankheitserscheinungen können mit einem Serum behandelt werden, das fertige spezifische Abwehrstoffe enthält. Diese „passive Immunisierung" schützt aber nur für zwei bis drei Wochen. Der Käufer eines Hundes sollte den Impfpaß daraufhin genau prüfen.

Länger dauernden Schutz vermittelt nur die „aktive" Schutzimpfung. Dabei werden abgeschwächte oder abgetötete Infektionserreger eingeimpft. Der Körper reagiert darauf mit der Bildung eigener Abwehrstoffe. Bei den heute üblichen Kombinationsimpfstoffen kennzeichnen die Buchstaben S, H, L, T und P die Wirksamkeit gegen die in Frage kommenden Seuchen.

Welpen werden mit sechs bis acht Wochen das erste Mal geimpft und müssen dann mit etwa zwölf Wochen nach Impfplan nachgeimpft werden. Auch bei älteren, noch nicht geimpften Hunden empfiehlt sich eine zweimalige Grundimmunisierung, um einen umfassenden Impfschutz gegen alle Infektionskrankheiten aufzubauen.

Der einmal gebildete Impfschutz baut sich im Laufe der Zeit ab. Kommt der Hund mit betreffenden Seuchenerregern in Berührung, so wird die Antikörperbildung aufgefrischt. Ist der Impfschutz aber bereits zu stark abgesunken, kann der Hund erkranken.

Deshalb sind regelmäßige Auffrischungsimpfungen erforderlich, am besten jährlich mit einem Kombinationsimpfstoff. Denn die Tollwutimpfung wird ohnehin nur für ein Jahr anerkannt, die Leptospiroseimpfung wirkt nicht länger, und gegen die seit einiger Zeit wieder bedrohlich zunehmende Staupe gilt es, auf Nummer Sicher zu gehen.

Ein sicherer Impfschutz des Hundes ist auch für den Menschen wichtig. Erkrankte Hunde können Leptospiren übertragen, die beim Menschen das „Canicola-Fieber" oder die „Weilsche Krankheit" hervorrufen.

Hundetollwut ist wegen des engen Kontaktes für Menschen viel gefährlicher als Wildtollwut. Geimpfte Hunde übertragen keine Tollwut. Nach einem Kontakt mit verdächtigem Wild brauchen sie deshalb auch nicht getötet zu werden, wie dies für ungeimpfte Hunde gesetzlich vorgeschrieben ist.

Gegen andere Infektionen schützt Vorsicht

Toxoplasmose wird durch einzellige Schmarotzer hervorgerufen. Ihr Stammwirt ist die Katze. Bei anderen Tieren werden ansteckungsfähige Dauerformen gebildet.

Hunde erkranken überwiegend durch infiziertes Schweinefleisch. Für die Ansteckung des Menschen wurden sie früher zu Unrecht verantwortlich gemacht.

Aujeszkysche Krankheit wird ebenfalls durch Schweinefleisch übertragen. Unstillbarer Juckreiz, Unruhe, Ängstlichkeit und Speichelfluß haben gewisse Ähnlichkeit mit Tollwut. Die Krankheit wird daher auch „Pseudowut" genannt. Schweinefleisch und in der Zusammensetzung unbekannte Fleischmischungen, zum Beispiel aus Supermärkten, müssen deshalb gut durchgekocht werden. Fertigfutter und Rindfleisch sind dagegen unbedenklich.

Zwingerhusten tritt vor allem in Tierheimen und Hundehandlungen auf. Unter begünstigenden Umständen lösen Viren und Bakterien gemeinsam Entzündungen von Luftröhre und Bronchien aus.

Kennzeichnend ist ein kurzer, trockener Husten. Sekundärinfektionen können den Krankheitsverlauf verschlimmern. Während des Urlaubs sollte man seinen Hund nicht in unbekannte Heime oder Pensionen geben oder ihn vorsorglich auch gegen Zwingerhusten impfen lassen.

Wurmkuren gegen unerwünschte Kostgänger

Spulwürmer können bei Junghunden zu Verdauungs- und Entwicklungsstörungen, zu Vergiftungserscheinungen und sogar zum Tod führen. Fast alle Welpen werden im Mutterleib mit Spulwürmern infiziert. Die ersten Wurmkuren soll schon der Züchter durchführen. Junghunde werden vierteljährlich entwurmt. Ältere Hunde beherbergen nur noch einzelne Würmer. Sie richten zwar keinen großen Schaden an, sind aber eine ständige Infektionsquelle. Hündinnen sollten zumindest sechs Wochen nach jeder Läufigkeit, Rüden mindestens einmal jährlich entwurmt werden. Bei festgestelltem Wurmbefall ist eine sofortige Entwurmung mit einer Wiederholungsbehandlung nach zwei bis drei Wochen erforderlich. Rohe Möhren garantieren keine Wurmfreiheit. Wirksame und verträgliche Mittel sind verschreibungspflichtig. Sie wirken auch gegen andere Rundwurmarten, zum Beispiel gegen Hakenwürmer.

Spulwürmer sind auf ihre Wirtstierarten spezialisiert; wenn der Mensch Hundespulwurmeier aufnimmt, schlüpfen zwar Larven und beginnen ihre Wanderung im Körper, sie bleiben jedoch in Organen oder Muskeln stecken und können dort schmerzhafte Entzündungen verursachen. Besonders gefährdet sind „Krabbelkinder". Wurmkuren dienen daher auch dem Gesundheitsschutz der Familie.

Bandwürmer brauchen für ihre Entwicklung stets einen Zwischenwirt. Für den Hundebandwurm ist dies der Floh. Er nimmt die Wurmeier auf, aus denen sich eine Finne entwickelt. Der Hund „knackt" den Floh, die Finne wächst im Hundedarm zum fertigen Bandwurm aus. Mit dem Kot erscheinen nach geraumer Zeit einzelne kürbiskernförmige, anfangs noch bewegliche Bandwurmglieder oder ein längeres, deutlich gegliedertes Wurmende. Es gibt heute neben speziellen Spulwurm- und Bandwurmmitteln auch Präparate, die gegen beide Parasitenformen wirksam und dabei gut verträglich sind. Empfehlenswert ist eine systematische vierteljährliche Bandwurmbehandlung des Hundes. Zur Bandwurmkur gehört stets eine Flohbehandlung von Hund und Lager.

Besonders bei Jagdhunden kann auch der „gesägte Bandwurm" auftreten, dessen Zwischenwirte Hasen und Kaninchen sind. Andere Bandwurmarten, die durch Fisch oder Wild, Rinder- oder Schafeingeweide übertragen werden, kommen seltener vor. Dazu zählt der „dreigliedrige Bandwurm", der auch dem Menschen gefährlich werden kann. Der Hund sollte zur Vorbeuge keine rohen „Konfiskat"-Innereien erhalten und daran gehindert werden, Kadaver von Wildtieren anzufressen. Für Menschen besonders gefährlich ist der vor allem in einigen Gegenden Mittel- und Süddeutschlands verbreitete „Fuchsbandwurm", der auch durch Hunde übertragen werden kann. Neben regelmäßigen Bandwurmkuren ist es die beste Vorbeuge, den Hund in Wald und Flur anzuleinen.

Gefahren für die menschliche Gesundheit?

Hygiene. Impfungen und Wurmkuren schränken Ansteckungsgefahren ein. Hygiene tut ein übriges: Selbstverständlich hat der Hund sein eigenes Lager und Futtergeschirr; beides ist peinlich sauber. Der Hund wird so erzogen, daß er das Gesicht nicht ableckt. Das Belecken der Hände ist Ausdruck seiner Zuneigung. Man darf sie dulden, denn man kann sich die Hände anschließend waschen. Vorsichtige können Lager, Hütte und andere hygienegefährdete Stellen und Gegenstände regelmäßig desinfizieren. Die Mittel sollen gegen Viren, Bakterien und Pilze wirken. Zur Schnelldesinfektion eignet sich besonders ein Spray, der auch Ektoparasiten abtötet.

Besonders angezeigt sind solche Maßnahmen, wenn der Hund eiternde Wunden, Ekzeme, Furunkel oder eine Vorhaut-, Zahnfleisch- oder Mandelentzündung hat. Diese Infektionen sind konsequent zu behandeln. Eitererreger können auch beim Menschen Komplikationen verursachen. Vorsicht ist stets bei schlecht heilenden oder sich ausbreitenden Ekzemen geboten: Räudemilben sind zwar auf Tierarten „spezialisiert", können jedoch auch beim Menschen juckende Hautrötungen verursachen. Hautpilzinfektionen sind auf Menschen übertragbar.

Daher sollte man umgehend eine Spezialuntersuchung und Behandlung veranlassen. Pilzinfektionen entstehen nur, wenn sich die Erreger länger als 12 bis 24 Stunden auf der menschlichen Haut einnisten können. Gründliches Waschen bannt die Gefahr. Zusätzliche Sicherheit bietet ein Handdesinfektionsmittel, das nach Berührung verdächtiger Stellen oder Ausscheidungen in die Hände eingerieben wird. So wie der Hundebesitzer im eigenen Heim für hygienische Bedingungen sorgt, sollte er auch außerhalb des Hauses auf Sauberkeit achten.

Die **Kotbeseitigung** auf Rasenflächen, Wegen und Straßen sollte für den Hundehalter, besonders in der Stadt, inzwischen zu einer Selbstverständlichkeit geworden sein. Erleichtert wird dieses Bemühen durch praktische, im Heimtierbedarf erhältliche Beutel, mit denen der Kot leicht eingesammelt und entsorgt werden kann.

Allergien sind auch durch größte Sauberkeit nicht immer zu vermeiden. Einige Menschen reagieren bei Kontakt mit Tierhaaren und -hautteilen mit Ausschlägen oder Atembeschwerden. Katzen, Meerschweinchen und Vögel sind viel öfter als Hunde die Auslöser; viele andere pflanzliche und tierische Stoffe kommen hinzu. Die Allergieursache kann von einem Hautarzt durch Spezialtests auf der Haut ermittelt werden. Auf Verdacht braucht also kein Hund abgeschafft zu werden. Und vor der Anschaffung eines Rhodesian Ridgeback brauchen auch gesundheitsbewußte Hundefreunde nicht zurückzuschrecken.

Anhang

Anschriften, die Sie kennen sollten

Ein Adreßbuch der Rhodesian Ridgeback-Freunde; Verbände und Vereine. Da nicht in allen Ländern eine Gruppierung besteht, die sich ausschließlich um die Rasse Rhodesian Ridgeback kümmert, sind in solchen Fällen Dachverbände (DV) oder auch Kontaktpersonen (KP) genannt, bei denen weiterführende Informationen erfragt werden können. Bei diesen sollte auch nachgefragt werden, wenn sich die genannten Ämter in Vereinen oder die Personen, die solche Ämter meist ehrenamtlich verwalten, geändert haben.

Australien
The Rhodesian Ridgeback Club of Victoria Inc., P.O.Box 277, Blackburn. 3130;

(DV) Australian National Kennel Council, P.O. Box 632, St. Mary's, N.S.W. 2760, Tel. 3-8 34 30 22

Belgien
(DV) Société Royale de Saint Hubert, 98, Avenue Albert Giraud, B-1030 Bruxelles, Tel. (2)-2 45 48 40

Dänemark
(DV) Dansk Kennel Klub, Parkvej 1, Jersie Strand, DK-2680 Solrød Strand, Tel. (56) 14 74 00

Deutschland
Es gibt mehrere Zuchtvereine, die die Rasse betreuen:
Deutsche Züchtergemeinschaft Rhodesian Ridgeback e. V.,

Geschäftsstelle Frau Ute Schwarke, Grootredder 23, 24629 Kisdorf Tel. (04193) 5453;

Löwenhund Deutschland – Rhodesian Ridgeback e.V., Geschäftsstelle Joachim Zaepke, Lönseck 9, 30938 Burgwedel Tel. (0 51 35) 7 12

Rhodesian Ridgeback Club Deutschland e. V., Geschäftsstelle Hans-Otto Bietz, Romillystraße 37, 64584 Biebesheim Tel. (0 62 58) 8 13 97

(DV) Verband für das Deutsche Hundewesen e. V., Westfalendamm 174, 44141 Dortmund Tel. 02 31-56 50 00

Deutscher Hundesport-Verband, Gustav-Sybrecht-Straße 42, 44536 Lünen Tel. 0231-87949

Finnland
(DV) Suomen Kennelliitto-Finska Kennelklubben,

Ridgebacks haben auch schon den hohen Norden erobert: die schwedische Hündin Simbashana's Givenchy.

Kamreerintie 8
SF-02770 Espoo
Tel. 8-08 05 77 22

Frankreich
(DV) Société Centrale Canine pour L'Amélioration des Races de Chiens en France,
155, Avenue Jean Jaurès,
F-95535 Aubervilliers Cedex,
Tel. (1) 49 37 54 00

Großbritannien
(DV) The Kennel Club,
1, Clarges Street, Piccadilly
GB-London

Italien
(DV) Ente Nazionale della Cinofilia Italiana,
Viale Corsica 20, I-20137 Milano,
Tel. 2-7 00 20 31

Luxembourg
(DV) Union Cynologique Saint Hubert du
Grand Duchè du Luxembourg,
Boite Postale 69, L-4901 Bascharage,
Tel. 2-50 28 66

Monaco
(DV) Société Canine de Monaco,
Avenue d'Oostende 12, Palais des Congrés,
MC-98000 Monte Carlo, Tel. 93-50 55 14

173

Neuseeland
(DV) New Zealand Kennel Club,
Prosser Street, Eldson,
Private Bag 50903, NZ-Porirua,
Tel. 4-2 37 44 89

Niederlande
(DV) Raad van Beheer of Kynologisch
Gebied in Nederland,
Postbus 75901, NL-1070 AX Amsterdam Z,
Tel. 20-6 64 44 71

Österreich
Rhodesian Ridgeback Club,
Geschäftsstelle Herr Anton Fürst,
Weissenbach 81, A-2371 Hinterbrühl,

(DV) Österreichischer Kynologenverband,
Johann Teufel-Gasse 8, A-1238 Wien,
Tel. 1-8 88 70 92

Polen
(DV) Zwiazek Kynologizny w Polsce,
Nowy-Swiat 35, PL-00029 Varsovie,
Tel. 22-8 26 46 54

Rußland
(DV) derzeit Vertragspartner der F.C.I.:
Russian Kynological Federation (RKF),
125015 P.B. 64, Moscow, Russia

Schweden
(DV) Svenska Kennelklubben,
Rinkebysvängen 70, S-16385 Spänga,
Tel. 8-7 95 30 00

Schweiz
Rhodesian Ridgeback der Schweiz,
Präsident François-Charles Otth,
Schachenstr. 21, CH-6030 Ebikon,
Tel. 04 14 20 71 62, Fax 04 14 20 71 62

(DV) Schweizerische Kynologische
Gesellschaft,
Länggasstraße 8, ≠CH-3001 Bern,
Tel. 31-3 01 58 19

Slowakische Republik
(DV) Slovenská Kynologická Jednota,
Stefánikova 10, SR-81105 Bratislava,
Tel. 42 7 49 22 98

Spanien
(DV) Real Sociedad Central de Fomento de
las Razas Caninas en España,
Los Madrazo 20-26, E-28014 Madrid,
Tel. 1-5 22 24 00

Südafrika
(DV) Kennel Union of South Africa,
P.O.Box 2659,
Cape Town 8000,
Tel. 21-23 90 27

Tschechische Republik
(DV) Ceskomoravská Kynologická unie,
U Pergamenky 3, P.O.Box 24, CS-170 00
Praha 5 – Zbraslav,
Tel. (2) 8 72 22 42

Ungarn
(DV) Magyar Ebtenyéstök Orszagos
Egyesülete,
Tetényi út 128 b–130, H-1116 Budapest,
Tel. 11-2 03 01 56

USA
(DV) (Verwaltung): American Kennel Club,
5580 Centerview Drive, Raleigh,
N.C. 2 76 90-0 06 43
(Direktorium): American Kennel Club,
51, Madison Avenue, New York, NY 10010;
Tel. 9 19-2 33-97 67

Literatur

Historisches und Rassemonographien

ARSENIS, M. L., Ridged Dogs in Africa, Randberg SA (1981)

GWATKIN, R. D. S., Dogs and Human Migration, Journal of the South African Veterinary Medical Association, Pretoria SA (1933/1934)

HAWLEY, THOMAS C. and DRY, G. C., The Rhodesian Ridgeback, Pretoria SA, Caxton (ca. 1948)

HAWLEY, THOMAS C., Rhodesian Ridgeback, Johannesburg SA. Selbstverlag (1957)

HAWLEY, Thomas C., The Rhodesian Ridgeback, Selbstverlag, Aliwal North 5530, SA (1975)

LUTMAN, F. C., How to raise and train a Rhodesian Ridgeback, TFH Publications USA (1966)

MURRAY, JANET N., The Rhodesian Ridgeback 1924–74, Selbstverlag (1976)

Rhodesian Ridgeback Club, Handbook of the Pretoria SA. Überarbeitet und neu gedruckt (1978)

SADLER, PAULINE, The Rhodesian Ridgeback in Australia, Selbstverlag, Karratha, West Australia (1982)

WELLINGS, M., The Rhodesian Ridgeback, in: Kennel Union Gazette, Kennel Union of South Africa, 06 (1965)

Aktuelleres (maximal zehn Jahre alt)

CARLSON, STIG C., Reading the Ridgeback, MB Förlag AB, Bromma, S (1994)

CARLSON, STIG C., Rhodesian Ridgeback, Kynos Verlag, Mürlenbach (1995)

HELGESEN, D. H., The Definitive Rhodesian Ridgeback, Eigenverlag Box 31523, Pitt Meadows B.C., Canada, V3Y2BO (3. Aufl. 1991)

MÜLLER-FORRER, ELISABETH, Zur Zucht des Rhodesian Ridgeback in Schweden, Deutschland, Österreich und der Schweiz, Dissertation, Veterinär-Anatomisches Institut der Universität Zürich, CH (1984)

MÜLLER-FORRER, ELISABETH, Zur Zucht des Rhodesian Ridgeback in Schweden, Deutschland, Österreich und der Schweiz, Zusammenfassung der Dissertation in: Zeitschrift für wissenschaftliche Kynologie, Beilage zu „Schweizer Hundesport", Nr. 15/16 (1985)

NICHOLSON, PETER and PARKER, JANET, The complete Rhodesian Ridgeback, Ringpress, Letchworth Herts. GB (1991)

The Rhodesian Ridgeback Club of Great Britain, Guide to the Rhodesian Ridgeback, Eigenverlag (ohne Jahreszahl, ca. 1988)

WOODROW, ANN, Rhodesian Ridgeback, Selbstverlag, High Wycombe, Bucks, GB (1986)

Veterinärmedizinisches

Hier wird auf die Literatursammlung Rhodesian Ridgeback-spezifischer Veröffentlichungen in Elisabeth Müller-Forrers Dissertation verwiesen, da diese Literatur nur für den behandelnden oder forschenden Veterinärmediziner lesbar und von Interesse ist.

Hundeerziehung

GAIL, HEINZ, 1×1 der Hundeerziehung, Kynos Verlag, Mürlenbach (1991)

ROGERSON, Hundeerziehung ... tierisch gut!, Kynos Verlag, Mürlenbach (1993)

SIVEKE, WILHELM, Die Frühsterziehung
der Vorstehhunde, Otto Meißners
Verlag, Bleckede (1974)
WEIDT, HEINZ und DINA BERLOWITZ,
Prägungsspieltage, Hrsg. Schweizerische
Kynologische Gesellschaft (SKG),
Verlag Paul Haupt, Bern (1994)
WOODHOUSE, BARBARA, Hunde-Erziehung
– leicht gemacht! Müller Rüschlikon,
Zürich CH (1975)

Pflichtlektüre

BEUTE-FABER, PIET und ROEL, Atlas der
Hunde-Anatomie, Kynos Verlag,
Mürlenbach (1992)
BEYERSDORF, PETER, Dein Hund auf
Ausstellungen, Parey Buchverlag,
Berlin (1997)
LORENZ, KONRAD, So kam der Mensch auf
den Hund, dtv, München (1965)
MORRIS, DESMOND, Dogwatching; Die
Körpersprache des Hundes, Heyne,
München (1987)
SPIRA, HAROLD R., Canine Terminology,
Howell Book House, New York USA
(1982)
STOCKMANN, FRIEDERUN, Das Gang-
werk des Hundes, Gollwitzer, Weiden
(1985)
TRUMLER, EBERHARD, Hunde ernst
genommen, Piper, München (1974)
TRUMLER, EBERHARD, Mit dem Hund auf
Du, Piper, München (1974)

Hundebesitzer

BECKMANN, GUDRUN und SUSANNE,
Vom aufrechten Menschen zum Hun-
dehalter, TG-Verlag U. Beuing, Gießen
(1994)
BROWN, CURTIS M., Dog Locomotion and
Gait Analysis, Hoflin Publishing, Wheat
Ridge, Colorado, USA (1986)

COLE, ROBERT, The Basenji Stacked and
Moving, Cole Books, 1336 Lexington
Street, Ottawa, Ontario, CDN (1987)
HOLLENBECK, LEON, The Dynamics of
Canine Gait, Denlinger"s, Fairfax
Virginia, USA (1971)
MCDOWELL LYON, The Dog in Action,
Howell Book House, New York, USA
(1974)
TRUMLER, EBERHARD, Das Jahr des Hun-
des, Kynos Verlag, Mürlenbach (1984)

Weiterführende Literatur

American Kennel Club, Duncan Barnes,
The AKC's World of the Pure-bred
Dog, Howell Book House, New York,
USA (1983)
American Kennel Club, The Complete
Dog Book, 17. Aufl., Howell Book
House, New York, USA (1987)
DENIS, BERNARD, Die Haarfarben des
Hundes, Österreichischer
Kynologenverband, Wien (1990)
HUBBARD, CLIFFORD L. B., Dogs in Britain,
MacMillan & Co., London (1948)
VESEY-FITZGERALD, BRIAN (Hrsg.), The
Book of the Dog, Nicholson & Watson,
London (1948)
HUTCHINSON's Dog Enzyclopedia,
Hutchinson, London (1934/35)
KRÜGER, Dr. PETER, Wittmund, Gebiß und
Zähne des Hundes (Abbildungen nach
Budras/Fricke 1984), Vereinszeitung des
Vereins für Deutsche Schäferhunde e. V.,
Teil 1 in Heft 2 v. 20.02, Teil 2 in Heft 3
v. 20. 03. Teil 3 in Heft 4 v. 20. 04., 82.
Jahrgang 1988
RÄBER, Dr. HANS, Enzyklopädie der
Rassehunde, Franckh/Kosmos Verlag,
Stuttgart 1995
SPIRA, Dr. HARRY, Canine Terminology,
Howell Book House Inc., New York
USA (1982)

Zucht

FLEIG, Dr. DIETER, Die Technik der Hunde-
zucht, Kynos Verlag, Mürlenbach (1992)
HAMAR, HILARY, Hunde züchten mit
Erfolg, Müller Rüschlikon-Zürich (1978)
RÄBER, HANS, Brevier neuzeitlicher
Hundezucht, Haupt, Bern (1968)
TRUMLER, EBERHARD, Ein Hund wird
geboren, Piper, München (1982)

Genetik

SCHLEGER, WALTER und STUR, IRENE,
Hundezüchtung in Theorie und Praxis,
Jugend & Volk, Wien (1986)
WILLIS, MALCOLM B., Genetik der
Hundezucht, Kynos Verlag, Mürlenbach
(1994)

Weiterführende Literatur aus dem Parey Buchverlag

BEYERSDORF, P., 1997: Dein Hund auf
Ausstellungen. 3. Auflage
BURTZIK, P., 1996: Erziehung und Ausbil-
dung des Hundes. 5. Auflage.
FIEDELMEYER, L., 1983: Kauf, Pflege und
Fütterung des Hundes. 3. Auflage.
HEGENDORF, 1980: Der Gebrauchshund.
Haltung, Ausbildung und Zucht.
14. Auflage
KOBER, U., PEPER, W., 1995: Pareys Hun-
debuch. 2. Auflage.

KRAFT, WILFRIED (HRSG.), 1998: Geriatrie
bei Hund und Katze.
POORTVLIET, R., 1987: Mein Hundebuch.
2. Auflage.
QUEDNAU, F., 1987: Rechtskunde für Hundehalter.
SCHMIDTKE, H.-O., 1984: Gesundheitsfibel
für Hunde. 2. Auflage.
SCHOKE, TH. A., 1998: Hundeausbildung
WEIDT, H., 1996: Der Hund, mit dem wir
leben: Verhalten und Wesen. 3. Auflage.

Bildnachweis

Titelfoto und Seite 84
YVONNE SCHÖNHOLZER, CH-Winterthur

Frontispiz
EFFEM, D-Verden

Seite 5
G. R. Eva
Foto: NEIL ASHTON, USA-Claremont

Seiten 12, 87, 90, 93, 95
PHYLLIS PODUSCHKA-AIGNER, A-Staatz-
Kautendorf

Seiten 21, 51
ROBERT COLE, CND-Ottawa

Seiten 22, 23
ELISABETH MÜLLER-FORRER,
CH-Dietikon

Seiten 24, 29, 43, 78, 100, 104, 126
ROBERTO ANIMAL PHOTOGRAPHER,
D-Gronau-Epe

Seiten 31, 33
Aus: SV Zeitung, Nr. 2 + 3, 1988,
DR. PETER KRÜGER, Wittmund,
nach BUDRAS/FRICKE, 1984

Seite 35
FRANZ GORSKI, D-Frankfurt

Seite 40
GEIR und WENCHE AMDAL, N-Sandes

Seite 53
FRITZBØGER, DK-Kopenhagen

Seite 59
Zeichnung von GISELA JAHRMÄRKER,
D-Berlin

Seite 66
Aus: J. N. MURRAY, The Rhodesian
Ridgeback 1924–74, im Eigenverlag 1976
(MYLDA ARSENIS, SA-Kapstadt, Foto:
ARBUS und BERNARDI)

Seiten 68[1], 71[2]
AUS: Hutchinson's Popular & Illustrated
Dog Encyclopaedia, Volume 3: P to Z,
HUTCHINSON & CO. (Publishers),
London,
[1] RHODESIAN RIDGEBACK CLUB,
[2] CAPT. G. MILLER

Seite 72
AUS: Hutchinson's Popular & Illustrated
Dog Encyclopaedia, Volume 3: P to Z,
HUTCHINSON & CO. (Publishers),
London, Zeichnung von SCOTT LANGLEY

Seiten 73, 103, 106, 107, 124, 145, 147
ROSY BROOK-RISSE, D-Solingen

Seite 74
SUSANNE KATZENBERGER, D-Vaterstetten

Seite 75
Aus: PETER NICHOLSON and JANET PAR-
KER, Book of the Breed – The Complete
Rhodesian Ridgeback,
Foto: SALLY ANNE THOMPSON,
GB-Whipsnade

Seite 80
ULLA KELLER, D-Frankfurt

Seiten 79, 81
LAUMANN, D-Braunlage

Seiten 82, 132
WEINMANN, D-Twist

Seiten 89, 117
JESKE, D-Bruchköbel

Seite 91
PET PICTURES, A-Wien

Seiten 136, 144, 173
HELEN RUSTNER, S-Malmö

Seite 148
KOHLER, USA

Seite 149
Callea Photo, USA, Shelton

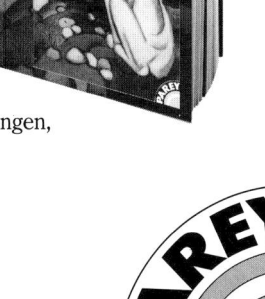